だからこそ、自分にフェアでなければならない。

プロ登山家・竹内洋岳のルール

小林紀晴

幻冬舎

だからこそ、自分にフェアでなければならない。

プロ登山家・竹内洋岳のルール

目次

天狗岳登山

竹内洋岳のルール

死んでいくことを記録しろ。
102

この状況に腹が立った。諦めより悔しさが先に立った。
106

絶対生き延びてやる。
109

自分の足で下りてこないのは、死んでいるのと同じ。
だから下りるために、下り直しに行った。
112

そこに立ったからといって、死んだ人は帰ってこない。
116

考え続けることで自分を保つ。
136

想像力と恐怖心を利用して危険を回避していく。
139

悲観してる時間があったら、1メートルでも下る。
144

天狗岳1

新宿―茅野

午前7時新宿駅始発の、特急あずさ号に乗った。八ヶ岳を目指すためだ。いつもそうなのだが、山に向かうときは、都心の風景が違って見える。巨大な西新宿のビル群、そして中野あたりまでのこまごまとした古い雑居ビルといったものが、墓標のように映るのだ。いつにも増して無機的に感じられるのだ。何故《なぜ》だろうか。あまりに見慣れた風景だというのに。きっとすでに気持ちが山に向いているからだろう。やっと眠りから覚めた街。早朝にもかかわらず、街を行く人の姿は意外に多い。スーツを身につけたサラリーマンの姿がすでにいくつもある。都心から山に向かう姿は否応なく目につく。

そして、いま車窓からの風景はさらに違って感じられる。隣に特別な人がいるからだ。竹内洋岳《たけうちひろたか》。

日本人で唯一、地球上に存在する標高8000メートル以上の14座すべての登頂に成功した人。いわゆる14《フォーティーン》サミッターである。

「おはようございます」

挨拶して、私は自分のザックを背中から下ろした。竹内の荷物を確認した。どんなザックを使っていて、どんな登山靴を履いているかに単純に興味があるからだ。

ザックらしきものが足元に置いてある。さらによく見ると、かなり薄手のスニーカーを履いていた。これから一緒に1泊2日で標高2646メートルの天狗岳《てんぐだけ》を目指すことになっている。まさか、このまま登るのだろうか。8000メートル級の山々を登った経歴を考えると、八ヶ岳など、遠足の続きみたいなものに違いない。とはいえ、スニーカーでは無理だろう。

「あのう、登山靴は……」

おそるおそる訊《たず》ねた。

「登山靴は山に登るときだけです」

竹内は網棚の上を指差した。袋が置かれていた。そういうことか。

その袋と足元に置かれていた小さめのデイパック以外に竹内は荷物を持っていなかった。それに対して私の荷物はかなり大きい。倍近いといっても言いすぎではない。いや明らかに倍のかさがある。カメラの機材などを引いても、かなりのものだ。

私は自分の姿が急に恥ずかしくなってきた。なんだか野暮ったく思えたからだ。趣味で登山をする私にとっては、家を出た瞬間から登山が始まっている。だから登山靴で出かけ、履いたまま帰ってくるのが当たり前だ。スニーカーで家を出るなどという発想は微塵《みじん》もなかった。

それに荷物ももう少し減らせたはずだ、などと急に思ったりもする。旅慣れた人ほど荷物が少ない。これは間違いない。長いあいだバックパッカーをしてきた自分にとって荷物が少ないイコール、恰好良さだ。だから、極力荷物を減らすことに凝っていた時期がある。そのことをこんなところで思い出し、自分は随分と野暮ったいなと思ってしまったのだった。同時に竹内から洗練されたものを感じた。つまりプロフェッショナルだと。

天気予報によると今日は雨だ。だから普段より多めに着替えを持ってきた。非常食兼おやつと称したお菓子もかなり持ってきた。竹内のザックの中にはどう見ても必要最低限のものしか入っていないそうだ。もしかしたら、登山には必需品である水筒も入っていないのではないか。

二つを見比べて私は、また考えた。そして気がつく。私の荷物の多さは、そのまま心配とか不安の現れであることに。もし道に迷い、万が一野宿することになったときのために、非常食兼おやつは多めでなくてはと頭の片隅で考えていた。

「電車で山に向かうなんて、学生のとき以来かもしれません。普段は車なので」

意外な言葉だった。私にとって登山は電車で行って、電車で帰ってくるというものだからだ。

電車の中で竹内とさまざまなことを話した。登山の話題は出なかった。八ヶ岳山麓にかつて住んでいた縄文人のこと、黒曜石のことを私は口にした。竹内は驚いたことに黒曜石にとても詳しかった。

9時過ぎに茅野《ちの》駅に着いた。中学生の頃、毎日、通学に使っていた駅。いまは当時の面影はほとんどない。特急が駅に着く直前、小さな鉄橋を渡る。晴れていれば、その上から八ヶ岳が一望できる。私はとっさに窓の向こうを見た。でも残念ながら、雲に隠れてその姿はまったく見えなかった。

駅のトイレに入り、その水道でアルミの水筒に水を入れる。これは八ヶ岳に登るときの、私のささやかな儀式のようなものだ。この駅を利用する限り、そして冬に凍結を避けるために水道が止まっていない限り、ここで水を汲《く》むことにしている。もう20〜30回はそうしてきたはずだ。これをしないと落ち着かないのだ。

竹内は水筒を持ってきているのだろうか。やはり気になった。すると、近くの自動販売機に向かって歩きだした。コインを入れる音がした。

やがて自動販売機から2本のペットボトルを取り出した。何を買ったのだろうか。スポーツ飲料だろうか、それともお茶だろうか。どちらかに違いない。しかし、どちらでもなかった。1本はコカ・コーラ。もう1本はカロリーがないコカ・コーラ ゼロ。

「これは、おやつ。こっちは水分補給のため」

いい笑顔だった。

「あのう……水筒は持ってこなかったのですか？」

一応……訊ねた。

「あ、朝、急いでいて、忘れちゃった」

笑顔だった。忘れるなんてことあるのか。ちょっと驚いた。登山で大事なものの上から何番目か、間違いなく上位に水筒は位置しているはずだ。それを忘れるなんて……。少なくとも、14座を目指すときには、絶対に水筒は忘れないはずだ。

私は電車の中でも時折考えていたこと、いや、それ以前から考えていたことをその笑顔の前で、また考えるのだった。何故、日本人で彼だけが、14座の登頂に成功したのかについて。いってみれば死の領域と呼ばれる8000メートルへ何度も向かい、命を落とすことなく生還し続け、その記録を作り上げたことには確実に理由があるはずだ。何かが決定的に違うはずだ。そのことを私は知りたい。

八柱山
カラマツ広場
八千穂高原
八千穂高原スキー場
レストハウスふるさと
小海RE-EX
スキーバレー
小海リゾートシティ
リエックス
松原湖

縞枯山
茶臼山
パノラマコース
フォレストカントリークラブ三井の森
小屋裏にヒカリゴケ
中山
天狗岳

天狗岳2

登山開始

タクシーに乗り、「唐沢鉱泉《からさわこうせん》までお願いします」と私は告げた。唐沢鉱泉は標高1870メートルのところに古くからある温泉だ。武将武田信玄がこの湯で身体《からだ》を癒したという説もある。

竹内もまた何度も八ヶ岳には登ったことはあるが、このあたりは初めてのようだった。目指そうとしている天狗岳も登ったことがないという。私はこれまでに2回登ったことがある。それに自分の地元だということもあり、竹内を山に案内するような心持ちだった。

標高が上がるにつれて、天気は次第にあやしくなっていった。6月の終わりだから初夏といえなくもないが、まだ梅雨が明けていないから、無理もないといえば、その通りなのだが。でも、途中の唐松林の新緑が目にまぶしかった。

タクシーの中で私は地元のことなど話した。このあたりの薬局では秋口になると当たり前のように「火薬を売り出す」と言うと、竹内は途端に興味を示した。地元では「蜂の子」を食べる習慣が古くからあるのだが、その巣を採る際に、新聞紙に火薬をまぶして煙幕として焚《た》き、蜂を気絶させるのだ。そのことを話すと、興味深げに次々と質問された。

登山家という人たちは、基本的に山のことばかり考えているような気がずっとしていた。つまり、常に興味は山にしかないのだと。でも少なくとも竹内がそうではないことが次第にわかってきた。すると私の頭の中に、竹内の言葉が自然と浮かんできた。東京で何度か竹内に対して、インタビューを試みたときの発言だ。

もしヒマラヤが東京にあっても、あまり魅力的じゃないと思います。カトマンズにまず行って、怪しげなものを買って、怪しげなものを食べて。そこからぼろいバスなり、いつ落ちてしまうかわからないツイン・オッター（小型旅客機）に乗ってアプローチして、そこに住む人々の生活の場を歩いて越えていって、そして、最後にロードヘッドからさらに奥地に分け入っていく。その過程こそが私はヒマラヤの持つ魅力の一部だと思うんですよね。

高所への順応っていうものに視線が向きやすいのですが、その環境に適応するには、まずカトマンズから適応する必要性がどうしてもあります。そこの水と空気の匂いと人々に適応して、そこで生活をしながら山にアプローチする必要があるわけです。それはもう絶対必要なんですよね。ただ、それが苦痛な人もいるでしょうしね、好きな人もいるでしょう。私は好きです。

この発言は正直、意外なものだった。例えば、スポーツの世界にアウェイという言葉がある。ホームに対してのそれだ。特にサッカーの国際試合の場面で使われることが多く、一般に浸透した言葉だと思う。ホームで試合するのに対し、アウェイでの試合はメンタルな部分も含めて不利なことが多く、試合結果に影響する。だから試合が行われる知らない異国では、ホテルから一歩も出ず、試合が行われるスタジアムまでもバスで行くので、一切その街を自分の足で歩くことはない、などという話は珍しくない。

そのイメージを私は登山の世界にも勝手に当てはめて考えていた。ヒマラヤの玄関口として有名なネパールの首都、カトマンズ。そこからベースキャンプに入るには必ず、この街に滞在しなくてはならない。さらに途中の村々を通過する必要もある。

そんなとき、８０００メートル級の頂上を目指す者は、無駄なエネルギーを使わないために、目も耳もできるだけ閉ざして、街を通り過ぎるのではないか。そんな気がしていた。カルチャーショックは明らかに体力を消耗する。だからできるだけその地に根付いている文化や俗っぽいものを遮断して、高みに向かうのではないだろうか、と。でもそれは竹内に限っていえば、大きく違った。

舗装された道路が終わり、砂利道に入った。道を削った山側の斜面には巨大な石がむき出しで、荒々しい。そして道の反対側はダケカンバだろうか、針葉樹ばかりとなった。進むにつれて、あたりが次第に暗くなってきた。空が厚い雲に覆われ始めたからだ。

やがて、フロントガラスに、ポツポツと水滴が落ちた。タクシーは緩やかな坂道を進む。雨脚もそれに従い強くなっていく。この感じだと登れば登るほど雨が激しくなるかもしれない。私は憂鬱《ゆううつ》な気持ちになる。

登山は、基本的に雨天決行だ。もちろん台風や自然災害などがあったら当然ながら中止したり、途中で下山することもあるが、通常は雨が降ったからといって、例えば野球の試合のようにあっさり中止することはない。すべての天候を受け入れたうえでフィールドを歩くことを楽しむのが登山本来の姿だし、醍醐味《だいごみ》だからだ。雨は想定内のことで、雨そのものをも楽しむという精神がある。雨もまた自然であるという考え方だ。だから雨具は絶対なのだ。どれほど晴れていようが日帰り登山でない限り、雨具は持っていく。しかし、わざわざ雨を望んで山に向かう者はいない。雨降りより晴れてほしい。同じルートを登るのであっても、晴れているのと雨降りとでは状況は激変する。何よりそれがそのまま気持ちにも反映される。

雨降りだとまず足元が滑りやすい。濡れているからだ。私の場合、もっとも不快なのが内側から濡れることだ。外からの水分は雨具をきちんと着ていれば通さないのだが、内側にこもった汗で濡れるのだ。水蒸気となった汗を外に出すことができるゴアテックス素材のレインウェアを着ていても、激しく動いているので、外に出し切ることができない。自分の汗でべっとりと身体が濡れていく。これはどうすることもできない。

それから、これも当然なのだが、雲や霧に包まれることが多いので視界が開けない。遠くの山はもちろん、霧が深ければ、自分が登っている山の稜線も見えないことがある。ひどいときには数メートル先が見えないこともある。当然、歩いていても楽しくない。写真を撮ることもできない。写真を職業にしている私にとって、このことはかなり不満だ。それに確実に道に迷いやすい。こうして書き出してみると、登山中の雨降りは負のスパイラルにはまっていくような気がしてきた。実際、そんな側面がある。

ただ、下山したところに温泉があって、風呂に入ればえもいわれぬ清々《すがすが》しさを覚える。でも、そのために登っているわけではない。それが雨降りの登山だ。

タクシーが止まった。竹内がいう「ロードヘッド」だ。ここから先に車道はない。硫黄《いおう》の匂いがうっすらと漂ってきた。川がそれで黄色く変色もしている。雨脚はさらに強まっていた。暗澹《あんたん》たる気持ちになった。明日、同じ場所に下山する予定だ。雨でずぶ濡れになってここに戻ってくる可能性は高い。そんなことを考えながら、旅館の玄関先を借りて、ザックから雨具を取り出していると、竹内は小さな容器を取り出した。

「それ、何ですか？」

「日焼け止めです」

特に登山用というわけではなさそうで、一般的に女性が街で使っていそうなものだった。曇りの日の方が晴れた日より紫外線が強いと聞いたことはあるけれど、今日は雨だ。いや、それ以前に登山家と日本の山と日焼け止めというのが、うまく結びつかない。竹内はレインウェアをザックから取り出さず、そのかわりに折り畳み傘を取り出した。さすがに水筒のようにウェアも忘れたわけではないだろう。私はそのことも訊《き》いてみようかと思ったが、ぐっとこらえた。

同時に、やっぱりこの人はプロだ、という意識を強く持った。プロは山でむやみにレインウェアを着ないからだ。これは私の勝手な持論というか、考察だ。

数年前に屋久島で縄文杉を目指した。1泊2日の登山だった。20時間ほど雨に降られ続けたのだが、地元で長くガイドをされている方から事前にレインウェアはもちろん、それとは別に折り畳み傘を必ず持ってきてくださいと言われた。どうしてだろうと不思議だったが、実際の山行で傘は活躍した。風が強くない限り傘はさせる。片手が塞《ふさ》がってしまう不便さはあるが、ウェアを着るのに比べて、蒸れて内側から濡れていくことがない。それはウェアを着ているときより、ずっと快適だった。

訊ねるまでもなく、竹内はそのことを経験から十分に知っているはずだ。だから迷わずレインウェアでなく、傘を取り出したのだろう。

あの頃は、山で死んでもいいと思っていた。

山には特別な時間が流れている。そう感じるのは、竹内が「あの頃の山登り」と何度も口にしたからだ。山は日常生活から完全に切り離されている。だから独立し、際立って感じられるのではないだろうか。

ただ、山は変わらない。100年単位でかたちが変化することなど、噴火などの天変地異がない限り、ありえないことだろう。でも人は変化する、年齢とともに。同じ山が違って映る。竹内の山に対する思いも変化し続けている。だからこそ「あの頃の山登り」という言葉を使ったはずだ。

20代の頃は、山を登っているそのただ中では、山で死んだっていいやって思っていた時期がありました。その頃の山登りってそういう時代でしたからね。若気の至りだったかもしれないし。一方で、山から帰ってくれれば、山がすべてではない、登山も人生の選択肢の一つだとも考えていたように思います。

その頃の環境って、今では想像できないんですが、もっと熱かったわけですよ。大学山岳部も社会人山岳会も鎬《しのぎ》を削り合い、山で出会えば、どっちが先に行くとか、やり方が気に入らねえとかって喧嘩《けんか》になって、殴り合いをしながら登山をしてた時代っていうのがありました。

あの頃、一線で登っていた人たちっていうのは、長谷川恒男《はせがわつねお》さんであり、星野龍史《ほしのりゅうし》さんであり、山田昇《やまだのぼる》さんであり。あの人たちは、山に命をかけていました。そんな人が私の周りにいっぱいいたんです。だからその中で山登りをしていれば、それはそれで全然、違和感がなかった。山に命をかけるというのが当たり前の時代でした。

ただ、いま私は少し違う考えを持っています。自分の命を燃やし尽くすつもりで山に登っています。これは山で死んでもいいという意味とは違います。だって山で死んじゃったら山登りは続けられませんから。ある意味、言葉の綾《あや》かもしれませんけれど、自分はこれから先も山登りで生きていくという意味なんです。死んでいいということではありません。死んでしまったら下りてこられないし、登り続けられないわけですから。

私はただひたすら山登りを続けていく、そういう存在になろうと思う。私が山登りを始めた頃だって、きっと「山登りを続けていく」という思いは、山に行く人にはみんなあったと思います。ただ、その意味合いが続けていく中で変わってしまったのだと思いますね。もし私がここまで続けてこなければ、1回限りの登山に「命を燃やし尽くして終わってもいい」となっていたかもしれない。

だけど幸い山登りを続けてこられたからこそ、14座というものに巡り会いましたし、それが14座を登り切ることにつながったということだと思います。

年齢には意味がない。どんな登山をしてきたかで決まる。

多くのスポーツは年齢と大きく関係がある。それに大きく影響され、左右される。年齢とともに確実に体力は衰えていくからだ。投げる球の速度は落ち、走る速さも瞬発力も動体視力も落ちていく。どんなスーパースターも逆らえない。

ただ、登山はそれには単純に当てはまらない。そこが、ほかのスポーツと大きく違う点ではないだろうか。竹内の口から登山に大切なことの一つは「想像力」だと聞いた。そのためには経験が必要なのだ。経験がなければ、よりリアルな想像ができないからだという。

登山は年齢とともに成熟していくと思います。でもね、年齢じゃないと思いますよ。やっぱり内容も含めた回数だと思います。例えば登山歴という言葉があります。あれほどわけのわからないものはありません。ニュースなどで時々、登山歴10年のベテランが遭難などと出てますね。でも10年間ハイキングしてたのかもしれないですよね。

そういう意味では、登山歴という言葉を使う時点で、もはや登山を取り巻く環境っていうのが未熟なんですよ。ほかのスポーツでそういうことはいわないと思うんです。例えば試合で何回勝ってるとか。ボクシングだったら、何戦何勝とかっていうじゃないですか。

だからそれと同じように、年齢もあまり意味がない。そのあいだにどんな登山をしてきたかでしかないと思ってます。もし私がマカルーに25歳のときに登って、その後、ずっとヒマラヤに行かなくて、この41歳でダウラギリに登ったとして、それを登山歴で数えたら意味がない。

やっぱり過ぎた時間とか年齢ではなくて、どういう登山を何回してきたかということでしかないと思うんです。もしマカルーに登って、そのあいだ登山をしないで、41歳になってダウラギリに登っても、きっとこういう話はしていないかもしれない。できないかもしれない。全然違う人間になっていたかもしれない。すべて、過去にどういう経験をしてきたかだと思います。

運は存在しないというのが、私の山登りです。

私は竹内に鹿狩りについて話した。竹内に会う数日前、八ヶ岳の山の中、10人ほどの地元のハンターに同行し、鹿を撃つ一部始終を目撃したからだ。そのことを急に竹内に話したくなった。いや、正しくは竹内の反応を知りたかった。

山の奥深くに進むにつれ、ハンターが野性に還っていくように感じられた。ふと、その姿に竹内と共通する何かがあるような気がしたのだ。猟で驚いたのは、撃たれた鹿がまったく鳴かなかったことだ。致命的な傷を負い、血を流し、草陰にうずくまった鹿は押し黙って人間が立ち去るのをじっと待っていた。

「鹿は撃たれて鳴くまいとこらえていたのではなく、鳴かないようにできているのだと思います」

竹内は意外なことを言った。

猟のあいだ、私は運について考えていた。とにかく捕らえられた鹿の写真を撮りたかった。当初は簡単に鹿が獲れるのだろうと考えていた。目の前をたくさんの鹿が横切ったからだ。夕方までには1頭は獲れるだろうと。

しかし、ハンターが撃った弾はことごとく外れた。さらに至近距離まで鹿が来たとき、ハンターが引き金を引くと、凍った雪がその部分に詰まっていて動かなかった。私はそのたびに「今日はなんて運が悪いんだ」と考えた。でもハンターの誰の口からもその言葉は出なかった。どうやら、誰もそうは考えていないようだった。雪がいつもの年より多いので、普段とは違うコースを鹿が逃げる。だから撃てないだけなのだと言った。理解がおよばないものに対して、安易に運という言葉で片付けようとしている自分に気がついた。

運というのはこんなことかと思います。何かのせいにしたいだけなのかも、と。運のせいにするなら運だし、誰かのせいにするなら誰かのせい、天気が悪かったのであれば天気のせいみたいな。そういうふうに何かのせいにするだけのことだと思うんですよ、結局。私は自分のせいでしかないと思うので、山では人のせいとか天気のせいとか運のせいにはしません。

運は存在しないというのが私の山登りです。運で片付けてしまうと、その先考えようがなくなっちゃうわけです。そこで思考が停止してしまいます。「ああ、運がよかった、運が悪かった」となると、そこでお終《しま》いですからね。それではやはり想像が続かないわけです。私たちは想像するために山に行ってるわけですから。

私は山で次に何が起きるかを、想像しようと思っています。登山っていうのは想像のスポーツですから。例えば、あの山のあのルートをいつ誰とどんな方法でどうやって行ったら登れるかって、最初に想像した人がそこを登れるわけです。何の道具を持っていこうかなとか、あそこはたぶんああなってるかもしれないから、こういう道具を使って、こういうふうに登ってとか、ディテールまで、人よりも先に多く想像できた人が登れるわけですから。想像したものと実際が合致すればするほど実現していくのです。

頂上まで登って下りてくる自分を、ちゃんと想像できた人しか登って下りてこられないわけです。さらに死ぬという想像さえもできるかどうか。ここで自分がどう死ぬかっていうことです。例えば、ここで落ちたら、上向きになって、あそこにぶつかって、最後こうなって死ぬっていうところまでが想像できれば、そうならないためにはどうしたらいいかって想像もできます。そこまでの想像をリアルにしたいし、しようとしている。

山は想像できるかどうかにかかっています。如何《いか》に細かく多方向に多重に想像できるかどうかを、私たちは競ってる。それが面白いわけです。だけどそれが運だといってしまうと、想像がなくなってしまうんですよ。想像することで危険を察知して、危険を避けるわけですから。それらを運のことにしてしまったら、そもそも登山が成り立たない。

だから私にとって山では運は存在しないということです。

　ただ必要な運っていうのもあると思うんです。運という存在も必要だと。例えば誰か大切な人が本当に不可解な、想像しえない、一般的には起こりえない事故で亡くなったりしたときに、それをどうしてなんだって考えると思うんですよ。でも、きっとわからない。答えが出ない。そのとき、それは運が悪かったんだと思うことで、救われることもある。だから私は運を否定はしないです。ただ、それを運として片付けるべきなのか、片付けるべきではないのかは、自分で選び取らなきゃいけない。そして私にとって山では運で片付けるべきものは一つもない。

　ジンクス的なこともありません。よく訊かれるんですけどね。靴はどっちから履くんですかって訊かれたりします。スポーツ選手に多いのは知っていますが、あれはたぶん試合日とか試合の時間が決まってるからのような気がします。それに合わせて毎回同じように準備をするから。ルーティン。するとそういうものが発生していくんでしょうか。

　きっとそれはジンクスじゃなくて、彼らにとっては手続きなんでしょうね。朝起きたら朝ご飯食べて、歯を磨いてみたいな、試合に行くまでの手続きとしてそういうのがあるんではないでしょうか。やるべきことってあると思うんですよ。きっと試合の開始時間などが決まってるから、そこまでのタイミングをとってるんじゃないですか。

　それに対し、山はころころ変わるから、いま行け、みたいな状態なので、そういうタイミングがとれないから、ジンクスめいたことがないんだと思います。山って全部違う。行くときも違うし、行く相手も違う。季節とか日にちによってもどんどん変わる状態だから、人によってやり方が違うんだと思います。だから私の場合は、ジンクスがないのがジンクスみたいな状態です。

山登りは、嫌ならやらなければいい。

14座登頂を何故、竹内だけができて、ほかの日本人が達成できなかったのか。答えはもちろん簡単に出るはずもなく、一つでもないだろう。さまざまな理由、条件が作用しているはずだ。

登山には当然ながら体力だけでなく、高所への順応力、精神力、判断力といったものがバランスよく保たれる必要がある。竹内から話を聞く中で、一見ささいなことがらの中に、実は重要な要素があるのではないか、と思うようになった。それはもしかしたら、本人も気がついていない、意識しないレベルのことが深く関係しているのでは、と思う場面が幾度かあった。

具体的にいえば、「出発の前の晩、急に行きたくなくなりませんか?」という私の問いに対する竹内の答えだ。

「そういうことはありません」

竹内はキッパリと言った。だからこの人は登り切ることができたのだと私は思った。

そもそも何故、そんなことを訊ねたのかというと、私は20代の頃、頻繁にアジアの国を旅していた。もちろん好き好んでみずからやっていたことだが、出発の前日、必ず行きたくなくなった。大量のフィルムをできるだけコンパクトにパッキングするために箱から出して、ブリキの缶に移していると、こんなことをするのも今夜が最後かなと思う瞬間があった。もしかしたら旅先で死んじゃうんじゃないかと急に不安になるのだ。すると憂鬱な感情に襲われるのだった。

私の場合は、いってみればただの海外旅行だ。それに対し、竹内のそれは比べものにならないほど危険を伴う。だから絶対にそんな気持ちに襲われるはずだと、確信を持ちながら訊ねたことだった。それがあっさり裏切られた。だから、竹内は登ることができたのだ、と思った。

直前に行きたくなくなるとか、そういうことはないです。山に行く手間って、日本の山に行く手間とヒマラヤに行く手間とであまり変わらないと思っています。昔は違いましたよ。95年のマカルーのときは、15トンとかっていう荷物を運びましたから。それはそれは大変な手間でしたけど。

いま、私がやってる登山だと、その手間はあまり変わらないんです。ですから、私にとって日本の山に行く感覚とヒマラヤに行く感覚は全然変わらないですし、さらに山に行く感覚と今日こうやってここに来る感覚も大して変わらない。

そう思えるようになったのは、やっぱり続けてきたからじゃないでしょうか。続けてきたことで、特別なことではなく、それが自分の身体の一部というか生活の一部となってきたからではないでしょうか。

いつものように寝て、朝起きて、行く先が違うんだくらいにしか私には差異はないです。つまり、私にとっては別に山に行くことは特別ではないんです。恐怖に苛《さいな》まれてとかっていうことはないですし。もし、そんなに嫌だったら行かなければいいような気がする。だって好きで行ってるんですからね。

このあいだ、講演会である登山家の方と対談したとき、その方もやっぱり同じことを言ってました。「出発の前とかちょっと嫌だなとか思ったりしないの？　明日もこの布団で寝たいなとか思ったりしないの？」と、訊いてきたんです。私は「そんなに行きたくなくなっちゃうことあるんですか？」と逆に訊きました。すると「いやあ、やっぱりそう思うことあるんだよ」と言うのです。そのときも私は「やっぱりそんなに嫌だったら行かなきゃいいのに」と言いました。

山をやめたいなと思ったことはありません。どちらかというと、どうやったら続けていけるかなってことは考えてましたけど。世の中には、仕事で嫌でもやらなきゃいけないことはいっぱいありますよ、間違いなく。でも、山登りは嫌だったらやめていいことだと思います。少なくとも山登りは、嫌でもやらなきゃいけないことじゃない。それに私は、登りたいと思う山だけを登ってきましたから。

山の魅力を知りたければ登るしかない。

人は自分が経験してきたことの素晴らしさや面白さを、誰かに伝えたくなる。当然なことだろう。しかし、それは容易《たやす》いことではない。それについて竹内は「本人がやるしかない」と言う。どこか突き放すようなその言葉の中に、確かに真実がある。

人が心の底からやりたいと思うことは、人から押しつけられるものではなく、自分で見つける以外に方法はない。

そもそも自分を振り返ってみると、やれと言われたことをやったためしがない。どちらかっていうと、やっちゃ駄目って言われたことを隠れてやっていたような気がします。それゆえに、自分の子供だけじゃなくて、これから山登りをする可能性のある人に、山登りは素晴らしい、やりましょうというのは全然言う気がありません。

例えば講演で、役割としてナンセンやアムンセンが、南極北極の存在、探検家の存在、そこに行く理由やそこの美しさ、光景っていうものを、見たことがない、見られない人たちに対して伝えたのと同じように、私がヒマラヤを登り続けてきて、そのヒマラヤの存在というものを人々に伝えることは私の責任でも義務でもなくて役割です。これはちゃんとしたいんです。ですからそれは伝えますけれども、もし本当に山登りの面白さとか魅力を知りたいのなら、登るしかないんですよ。だからこそ、私はみんなに山登りをやってもらいたい。

でも、やれと言われてやるものでもないので。それは私がただひたすらに、山登りを面白そうに楽しそうにやってるだけでいいんだと思うんです。それを見た人が、あれ、何やってるんだろう、面白そうだな、ちょっとやってみるかな、話を聞いてみるかなって思うことで、その人が、じゃあやってみようと自分で思うしかない。山登り面白いからやれと、私が首に縄つけて引っ張っていったって、拷問にしかならない。

そうしたがる人もいると思うんですけど、もし私自身が強制されても絶対やらないから、人にもやらない。子供に対しても同じです。うちの子が私に山の魅力って何？　って訊くとは思わないんですけど。訊いたとしても、私は別に、知りたきゃやればみたいなことでしかないと思うんですよね。私自身がそうだった。何かやれと言われてやったためしがない。

それに、人にやらされてやっても、まあ、続かない。きっかけはいろいろとあると思うんですよ。中にはね、やらされて、やってみたら面白かったので続ける人もいるかもしれませんけど。私は、それを求めはしませんね。それはそれで、そういう人がいても結構ですけど、私はあまりそういうつもりはないです。

本人が選び取るものだと思うのです。私も別に誰かに頼まれて山登りを始めたわけではないし、誰かにすすめられたわけでもないですし、身近にあったゆえに続けてきただけですから。それはちょっとした出会いであったり、きっかけなんですよね。どの人にもそういう出会いやきっかけってあると思うんです。その人にとってそういうものがあったときに、それを始めるものだと思うんです。だからうちの子供についてもそうだと思います。

遭難事故が増えたからといって、無謀な登山が増えたわけではない。

数年前から登山ブームが続いている。よいことだと思う。その少し前、私が八ヶ岳の小屋に泊まっているとき、大部屋で一緒になった60代の男性から言われた言葉はいまでも忘れられない。

「学生さんですか？」

と声をかけられたのだ。けっして夜ではなく、昼間のことだ。私はそのとき40歳だった。私が同年代より若く見えるわけではないと思う。私は曖昧《あいまい》な返事をしたが、正直、またかと思った。それ以前にも同じことがあったからだ。

その頃、私くらいの年齢の登山者はほとんど山で見かけなかった。大学の山岳部やワンダーフォーゲル部などの10代から20代前半か、高齢者と、はっきり二つに分かれていた印象がある。だからその方も、私が自分よりかなり若かったので、そう口にしただけのことだと思う。

そんなこともあり、ここ数年の日本の山の変化は目を見張るものがある。そのことについて竹内に訊ねた。

最近、山での遭難が増えているという話をよく耳にします。ただ、それは単純に無謀な登山が増えたというわけではないと思うのです。まず、一つには、登山ブームで話題性が高くなっているから、昔より報道される件数が多くなった。また、もう一つには、やっぱり登山する人の数が増えているということもあると思うんです。登山者が増えたなら、事故も自ずと増えるでしょうし。登山者数に対する事故の割合が増えたわけではないのではないか。むしろ、どういう事故内容なのかということに注目したいです。例えば劒岳《つるぎだけ》の遭難事故でいうと、冬の劒岳に入る人は初心者じゃないんですよ。やっぱり相当に登山をちゃんとやっておられる方しかあそこには入っていきませんから。そういう意味では、そういう人がいるということです。登山の質も上がってきている可能性があります。それから、昔は小窓尾根ぐらいはね、結構人が入れたんですけど、ここ何年かはほとんど入ってませんでしたから。その小窓尾根に人が行くってことは、そこに入るだけのレベルを持った人がいるということですよね。それを考えると、事故が起きてしまったっていうのは、もちろん残念なことなんですけれども、そこに人がいたということの方が実はある意味登山の評価だと思うんです。ほかにはどんな事故が起きてるかというのは、正確には知りませんけど、事故っていうのは、防げない事故と防げる事故があると思うんです。だからそういう意味では、例えば道迷いとか、必要な装備を忘れていってとか、そういうような事故っていうのも、一方ではすごく多発してるんだと思うんです。だからそういう事故なのか、それとも、あえてリスクに身を投じることで起きてる事故なのかというのは、報道だけからではよくわかりません。

ただ単純に山の事故っていうと、なんか無謀で、不注意で、知識も体力もない人が入っていっちゃって事故を起こしてるんだっていうような括《くく》りになりやすいんですけど、冬の劔に入る人にそういう人はいないでしょうから。でもそういう事故も、一見すると準備不足で山に入って道に迷ってみたいな事故と同じように取り扱われているわけで。だから単純に事故が増えたのかというと、そうでもないような気がします。

例えば、年末年始の限られた休みだから無理しちゃうとか、そういうのもあると思います。なんだって決まった時間で、やらざるをえないわけですから。趣味、レジャーとしてやる以上は、帰ってきて会社に行かなきゃいけないっていうのはもちろんあると思います。それは山登りに限らず、海外旅行だって、外国人に比べれば、日本人は凄《すさ》まじい行程で動いていきますから。そういうのは、あるかもしれません。

かといって余裕を持った日数だからといって、雪崩《なだれ》って避けられるのかというと、またわからなくなってきます。やっぱり事故っていうのは、一つ一つ背景が違いますから、単純に新聞で報道された件数で事故が増えている、だから、無謀な登山が増えているっていうことでは絶対にないと思います。

富士山とエベレストとゴミ。

普段の生活の中で、もちろん積極的に路上にゴミを捨てることはないが、山に入ると、急にゴミのことが気になる。飴玉《あめだま》の包み紙の破片すら落としてはいけないと意識する。どこか厳粛な気持ちになる。日常では、そこまで気にとめることなどないというのに。

ただ不思議に思う。それはどうしてだろうか、どこから来るのだろうかと。自分の意識が変化していながら、その理由がよくわからなかった。だから竹内に率直に訊ねてみた。すると、

「エベレストがゴミだらけなのは、また山に登りに来ない人が圧倒的だからです」

という意外な言葉が返ってきた。

エベレストは本当にゴミためだったんです。特にキャンプ地は過去のテントの残骸と

か、酸素ボンベだとか、ゴミが大散乱してるようなところでした。

ほかの山はそうではありません。つまり、エベレストは、登山をしない人がいっぱい来るんですよ。普段は登山をしない人も多い。ツアー登山でいっぱい来ますから。それに初めての登山がエベレストって人もいっぱいいるんですから。

たとえれば、かつての富士山と同じです（最近は、皆さんが取り組まれ、すっかりきれいになりましたが）。

エベレストはある程度お金を出すことで、酸素とシェルパがサポートに入って頂上まで行くという、一種のエンデュランスゲームなんですね。そうなると山登りを本当にやってる人たちはゴミなんて捨てないですけど、そこを観光地として見る観光客はゴミを捨てていくわけですよ。それが富士山の状況と似ていると思います。

いまのエベレストは世界中からたくさんの人が集まってきて登る山です。登頂者数が多い年には3桁いきますから。一人がちょっとゴミ捨てていっただけでも凄まじいんですよ。特にノーマルルートというか、一般ルートのC2とかC3とかっていうキャンプサイトなんかは、正にゴミためです。

ゴミを持ち帰る人とそうでない人の差は、また来るか来ないかの意識の違いだと思います。山をやってる人は、山にまた来ますから。また来るところにゴミを捨てる理由はないんですよね。でも観光地に観光客がゴミを捨てていく理由っていうのは、何よりそこに愛着がないから汚してもいいし、落書きしてってもいいと思うからなんですよね。

富士山がゴミだらけだったのもたぶんそれだと思います。だって日本のほかの山はそんなに汚くない。あれは山登りしてる人たちが行っているから。山に対する思いが違うのだと思います。

だから、山に自分のものを置いてきてしまうというのは、どうしても気が引けますね。それは帰ってきてないからだと思います。自分で持ち込んだものっていうのは、自分の身体の一部のようなものですから。それが、自分と一緒に下りてきてないっていうのは、非常に気持ち悪い。私の祖父が、旅先や山の中で、持っていたものを捨てたり、失くしたりしてくるな、とよく言っていました。つまり、手袋や靴下やらを失くしたら、手や足をどこかに置いてきてしまうようなもので、怪我をしたり、帰ってこられなくなったりするぞ、ということでした。

普通の旅行だと、旅先でものを買ったり捨てたりすることはあっても、山はともかく、自分が持ったものだけで入っていくのですからね。もちろんハーケンやロープなどを必要に応じて岩場に残してくることは、よくあることですが、持って帰ってこられるものを、あえて置いてくるとか捨ててくるのは、なんか落としてきたような感じがしてね。それは美学でも何でもないと思います。習慣といってしまえば、そうかもしれません。

天狗岳3

速い者　遅い者

青色の傘が目の前で揺れている。竹内が先頭で歩きだした。すぐに樹林帯に入る。やはり足元は濡れている。赤っぽい土と石と木の根が混在している。つるっと滑りそうだ。

竹内の歩調は速い。もちろん速いだろうとは思っていた、プロの登山家なのだから。でも、歩くことに関してプロとアマチュアではそれほど違わないのではないだろうか。実のところ、そう思ってもいた。もちろん登ることに関して強い、弱いは当然あるだろう。でも例えば、街中で並んで歩いたとして、置いていかれることはないという思いが根底にあった。相当急な登りや岩場でない限り、そんなに差がつくことはないだろうと考えていた。

背中ばかり見ている気がする。平たく、大きな背中だ。ひょろりと長い足。高校生の頃に読んだ植村直己《うえむらなおみ》の本のことを唐突に思い出す。植村直己のあだ名はドングリだったという。身長が高くなく、ずんぐりとしていたその体形からそう名付けられたと記憶している。だから、ずっとそんな体形の人が登山に向いているのだと思い込んでいた。通っていた写真学校にはワンダーフォーゲル部があり、その部長も植村直己そっくりの体

形をしていて、強かった。だからやっぱりと思ったものだ。それに対し、竹内の体形はそれとは遠い。バスケットとか、陸上競技とか、サッカーのゴールキーパーとかそんなスポーツが似合いそうに見える。

登山の基本は、体力のある者が、体力のない者に合わせる。だから学校の集団登山では、体力のない者、遅い者が列の先頭を歩くのが普通だ。

地元には中学2年生の夏に集団で八ヶ岳を1泊2日で縦走する伝統がある。最高峰の赤岳《あかだけ》はもちろん、両側が切り立った岩場ばかりの横岳も通る。いま考えれば、中学生が何百人もよくも一度に登ったものだと思うのだが、とにかくそこでそう刷り込まれた。高校生では白馬岳《しろうまだけ》に登った。そのときも同様だった。

先頭を歩いた方が自分のペースで歩ける。このことは間違いない。体力の消耗を少しでも減らすことができる。後ろを歩くほど、ペースを乱され、疲れの蓄積にもつながる。例えば、岩場で前を歩いている者が手こずっていると渋滞が起こる。そのあいだ後の者はただ、立って待つことになる。足場がいいとは限らない。岩場の途中だったりという場合も大いにあるし、汗をかいていたり風が出ていれば次第に身体が冷えてくる。さらに、自分が岩場を通過したとき、自分より前を行った者たちは待っていてはくれない。そのまま歩いていってしまう。だから早足で追いつかなくてはいけない。立って待っていた時間を今度は自分で取り返さなければならない。だから列の後方を歩けば歩くほど明らかにペースを乱され、体力は消耗する。

　弱い者は前を、強い者は後を。そんなふうに刷り込まれたことが、いま意味をなしていない。竹内を引き止めたいという思いが湧いてくる。

「竹内さ～ん、もうちょっと、ゆっくりお願いします」

　そんな声がのど元まで出かかるが、即座に消えていく。でもまた湧いてくる。そんな葛藤を何度も繰り返す。

　インタビューで竹内が呟《つぶや》いた言葉を思い出した。

「体力の弱い者を先頭にするとチーム全体が弱くなってしまい、結局登頂という目的が果たせなくなることにつながる」

　今回の登山はもちろん初心者でも登れる山だ。だから目的もなにもないのだが、それでもその言葉を思い出すと、「僕のペースに合わせてください」などとはとても口にできなくなる。自分は自分のペースで歩くことにつとめた。それでも、汗だくになって、顔を上げると視界が開けた先に時々、竹内がこちらを向いて立っていた。私のために待っていてくれたのだった。

　何かに似ている。何だろう。考えながら、歩を進め、近づく。ああ、と気がつく。カモシカだ。山中で何度かカモシカに出くわしたことがある。遠くの方で、じっとこちらを見ている。たたずまいがそれによく似ていた。

天狗岳4　汗

1時間ほど歩いて、小休止することにした。少し平らで開けた場所に出たからだ。以前、来たときも同じ場所で休憩した記憶がある。

私から「休みませんか？」と提案した。そうしないと、竹内はそのまま歩いていきそうだったからだ。引き止めたという感じだった。

出発したときには強かった雨脚は幸いなことにかなり弱まってきた。樹林帯ということもあるのだろう、雨具がなくてもほとんど濡れそうにない。それでも地面はべったりと濡れているので、どこかに座って休むわけにはいかない。仕方ないので、立ったまま休むことにした。

私は汗だくだというのに、竹内はまったく汗をかいていない。

「どうして汗をかかないんですか？」

思わず訊ねた。

「汗をかかないのではなく、かかないように歩いています。汗をかきそうになったら、ペースを落としたり、上着のボタンを開けたりします。でも、止まることはありません」

「どうしてですか？」

「止まると身体が冷えるからです。だからできるだけ、休憩もしません」

「休憩しないんですか？」

「はい」

50分歩いて、10分休憩。私はこれが身に付いている。だから歩いているとき時計ばかり見ている。あと何分で休憩だ、などと心待ちにさえする場面がある。でも、これっていつからだろうか。考えてみた。そして行き当たった、記憶の一番最初に。やはり中学校での集団登山だ。あのとき、確かそのペースで歩いた。それが知らずに身に付いたということだろうか。登山に関するガイドブックにも同じようなことが書かれていた気がする。

いや、それでも何かが明らかに違う。もしも私が汗をかかないように歩いていたら、どれほどの速さになってしまうのだろうか。今日中に山小屋に辿り着けないのではないか。きっと私だけでなく、多くの登山者は汗をかき、息を荒くして山を登る。でも竹内はそうではない。

「それに、歩いている途中であまり食べたり飲んだりもしません」

「何故ですか？」

「食べると疲れるからです」

言っている意味がわからない。私は休憩のたびに、必ず何かを口に放り込む。それもできるだけ高カロリーのものを。それを竹内はしないという。

実際、目の前の竹内はザックから何一つ出そうとしない。駅前で買ったペットボトルもその中に入ったままだ。それに対し、私は水筒の水を飲み、飴《あめ》を歩きながらなめ、そしていまチョコレートを食べている。これは疲れることなのか……。

ではどちらが正しいのか。いや、すでに比べることではないのだろう。そのことにうっすらと気がつく。あまりにレベルが違うのだ。いま同じ山の中にいて、同じ頂上を目指していることに変わりはないが、置かれている状況、いやレベルといってもいいかもしれない。それはあまりにかけ離れているはずだ。たとえれば、目の前で竹内は高速回転している。なのに、私はもたもたと歩いているようなものだ。ただ、それが目に見えず、わかりにくいだけにすぎないのだ。これはきっと事実だ。新鮮な気持ちになった。プロのすごさの一端に初めて触れた気がした。

山に持っていくおやつとして、最適なのは何でしょうか？　野暮かなと思いつつ、訊ねてみた。

「おすすめはアンパンです。それも山崎パンの5個入りのもの。それを袋のままつぶして持っていきます。あんこを真ん中にして如何に小さくつぶすかが課題です。キャンディーの包み紙のように、両端から袋を巻いてつぶしていきます」

つぶすのは単純にかさを減らすためだ。ほかに「バームクーヘンとカステラ」がいいという。向かないのは「おにぎり」だという。

「夏は大丈夫ですが、冬山はやめた方がいい」

「どうしてですか？」

「凍るからです。でもアンパンは凍りません」

なるほど、そういうことか。

「（国内では）水筒も極力持っていきません。ペットボトルが多いです」

私はしつこく「どうしてですか？」と訊ねた。

「ペットボトルは、飲み終わったらつぶせます。でも水筒だとそうはいきません」

竹内のザックが極端に小さいのは、これまでの経験から生まれた知恵によるのだと、こんなところで気がついた。もしかしたら駅前でペットボトルを買ったのも、水筒を忘れたからではなく、最初からそのつもりだったのではないだろうか。

死の領域へ向かうことは進化競争。それが面白い。

不思議な気持ちになる。果たして、この人は何を職業としている人なのだろうか、と思うことがたびたびある。竹内が登山以外のさまざまなことに興味を抱《いだ》いているからだ。例えば、植物。八ヶ岳では地衣類《ちいるい》という植物を執拗にカメラにおさめていた。あるいは黒曜石。それについて多くを語った。さらには職人の仕事の美しさというものなど、いろんな分野に興味があるからだろう。話題は多岐にわたる。

竹内は自分自身の高所登山を「生命の進化」にたとえた。最初に耳にしたときは、正直、ちょっと大げさでは、と感じたのだが話に次第に引き込まれた。説得力を持っていた。

登山はいろんなものにたとえられる。あまりに陳腐な言いぐさだが、例えば生きることや人生について。私がかつて好きだったテレビドラマに「人は、山を目の前にすると頂ばかりを目にする。でも、そこにいたるには長い裾野《すその》を歩かなければならないのだよ」という台詞《せりふ》があった。輝かしい結果は簡単には出せない。そのためには地味で長い努力が必要なのだと言いたかったのだろう。

しかし、竹内はそういう種類の言葉を絶対に口にはしないし、竹内に言わせたら「登ったから、同じだけ下らなければならないんだよ。そうしないと登山は完了しない。山頂はただの通過点にすぎない」という、身も蓋もない答えが返ってきそうな気さえする。竹内の口からは私が密かに期待している、感情的な人生訓のような台詞は一切出てこない。

もともと生命って海の中に住んでたのが陸地に上がっていくわけですよね。陸地に上がっていく様っていうのは、きっと海にいた動物がちょっと水面から顔を出して、また水に潜って、で、あるとき1、2歩ぱたぱたっと上がったら、う、苦しいとか、乾いてしまうなんていって、あわててまた水に戻って。そして、次は3、4歩行って、また戻って、なんていうのをきっと何千万年とか、何億年とかかけて繰り返して、適応できる個体が徐々に徐々に陸に上がっていったと思うんですね。

私たちもベースキャンプからC1に上がって、げえげえ吐いて、頭が痛くて、またベースキャンプに帰ってきて、ああ、苦しかったって。それからまたC1に行って、C2

に行って、またげえげえ吐いて。頭痛くて、ああ、苦しかったといって、また帰ってきて、徐々に頂上に近づいていく。

それは生物が数千万年もかけた進化を数週間で再現してるような気がするんです。誰が早くその環境に適応していくかを競争してるようなもの。

８０００メートル以上は死の領域ですが、死に近づいていくというよりは、自分が如何に進化できるかを試す場所なんです。

いまの地球はこうやって温暖で過ごしやすいですけど、太古にはもっと酸素が薄かった時代があるんです。生命はそれを生き延びてますから、薄い酸素や薄い気圧で生き延びる能力を人間も持っていると思うんです。つまり、さらに進化していく可能性を持っている、私の身体の中にそれが残されている。低酸素の環境の中に自分を入れ込むことで、眠っていたそれが再起動していく感覚があるのです。

目覚める、ということでしょうか。潜在能力を引き出したうえで、さらに進化させてる。

それは喜びというより、面白さです。アスリートたちがトレーニングをして、足がどんどんどん速くなっていく面白さだと思うんですよ。きっと走っている人たちって、自分ってどこまで速く走れるんだろうかっていうのを、試してるんだと思うんですよ。人間がどれだけ速く走れるかどうかを。

それと同じように、いろんな進化の先端があると思います。私たちは、どこまで高く登っていけるか、その進化の先端に行こうとしている。自分ってどんな高いところまで登っていけるんだろうかっていうのを試す。それはやっぱり面白いし、すごくわくわくするわけです。わくわくというのは、子供っぽい言葉ですけれど、そうとしかいいようがない。

そういうときに生きている実感がするのですか、と訊かれることがありますが、そういうたいそうなことや、哲学的なことは考えていません。ただ、面白いからです。

経験は積むものではなく、並べるもの。

8000メートルを超える登山では「経験は役には立たない」と竹内は語る。当初、聞き間違えたのかと思った。8000メートル以上の山に登り続けるには、積み重ねた経験こそが、特に危機に直面したときには何より役に立つのではないかと。

「経験が役に立たない」という竹内の言葉から、私は日常生活を連想した。何故なら、普段の生活はあまりに経験の上に成り立っていると思うからだ。経験を無意識に踏みながら日々を過ごしていると感じる。

例えば、家を出てから会社に向かうとき、通い慣れた道を意識することなく歩き、同じ駅の同じホームの同じ場所から電車に乗る。それらは経験によって支えられているはずだ。だから多くのことを考えなくてすむし、想像する必要もない。

8000メートルを超えると、経験は役に立ちません。むしろ、余計だという気もするのです。経験を持ち込んでしまうっていうのは、非常に危ないと思います。何故ならば、同じ山は二つとないからです。今回14座登ったことを、多くの世の中の人たちは、8000メートル級の山を14座登ったっていうふうに思っておられる。でも「8000メートル級の山」っていうのはありません。エベレストという山とK2という山とカンチェンジュンガという山とダウラギリという山があって、その山々は計測をして8000メートルを超えるだけの話で、同じ山じゃない。8000メートルというカテゴリーで山の内容を語れるものじゃないわけです。

そう考えると、じゃあエベレストに登った経験をK2で使えるのかっていうと、山が違うから、何の役にも立たない。ただ経験っていうのは、持ち込んで積み上げると楽になるんです。前回こうだったから、今回もこうなるはずだっていうことを考えなくてよくなるので、楽になるのです。人はそうしたくなるのです。

だけどそれをするのはとても危険です。経験を積んだ分だけ想像しなくなるからです。何より、正直いってつまらない。ゼロからスタートすればいっぱい想像できるし、いっぱい知らないことが見えるだろうし。例えば未踏峰なんていうのは、ゼロどころかマイナスからスタートできるわけだから、もっと面白い。そこではダウラギリのビバークも、チョー・オユーのビバークの経験も何の役にも立たないわけです。

経験に頼ると、つまらないと思うのです。わからない、知らない方が断然面白いわけです。前回こうだったから今回こうだって思ったら、極端なことをいえば、もう山なんて登らなくてもいいわけです。経験を積むという言葉がありますけども、私にとって経験は積むものじゃなくて並べるものだと思っています。

一方で、リアリティのある想像は経験からしか生まれません。例えばですが、手をナイフで切って血が流れたら、痛いということを知ります。だから次に切るときに躊躇《ちゅうちょ》しますだけど、もし痛みを知らなければ、リアリティのある想像は生まれません。ですから経験は絶対に必要です。ただ、やっぱり並べていくものなんです。そういう意味では経験はいっぱいした方がいい。そうするとリアリティのある想像が、たくさんできるからです。

ダウラギリの前にチョー・オユーで凍傷になりました。凍傷になるというのは、こういうことだとわかりました。もうちょっといっちゃったら、指なくなっちゃうんじゃないか、もうそれだけで、想像するとぞくぞくします。それはやっぱりリアルなんです。ただ単純に本とか写真で凍傷のことをいくら知ったとしても、それはまるで違います。

その環境に適応できて初めてリーダーになれる。

登山は多くの場合、集団で行動する。たった一人で8000メートル級の山へ挑むことは不可能に近いだろう。つまり他者との関係性の中で登山というスポーツは成立する。それも極限の環境で、日常の世界からは完全に断絶した中でのことだ。

そんな状況でリーダーが果たす役割は大きいだろう。そのことに興味を抱いた。何より竹内がリーダーという存在をどう捉えているかが気になった。何故なら竹内からリーダー的なものをあまり感じないからだ。

自分がリーダーに向いてるかどうかは、わかりません。やっぱりリーダーって自然に発生してくるものだと思うんですよ。集団においても、生物学的にも。例えば猿山とか犬のグループとか、一つのグループを作るとその中に勝手にリーダーができるらしいです。

登山隊の場合は隊長です。それがリーダーなのかどうかはわからないですが、過去の日本の大登山隊の場合はどちらかというと会社の社長に近い感じがします。社長ってリーダーかなっていうと、リーダータイプじゃない社長もいっぱいいる。会社によって違うので一概にはいえないと思うんです。日本の組織登山も会社みたいな感じだと思うんです。

リーダーって本来はリードするものですから、本当は先頭にいるものだと思うんです。ヨーロッパの中世、戦場に行ったランサーといわれる先陣を切っていく人たちが我々に続けと敵に向かっていくのに対して、日本の戦国時代の大将っていうのは、本陣の一番後ろにいます。でも私は、先頭にいる、要は一番槍の人こそがリーダーだと思います。一方、日本の組織登山では、先頭にいるものがリーダーではなくて、最初に指示を出す人がリーダーです。要するに、やれというその行動を、意思をリードするのがリーダーという感じです。でも私は指示を出す最高責任者がリーダーであるわけじゃなくて、その現場で先頭に立つものこそがリーダーだと思っています。

私はラルフとガリンダと一緒に何度も登っていますが、3人の場合はリーダーはいません。3人だと、リーダーっていう役割が必要ないんです。

例えば岩場が出てきたときに、3人の中で一番岩登りが上手なのが誰かというと、ガリンダなんです。だから、彼女が私の先に行くことになり、そのときはガリンダがリーダーなんです。リーディングしてるわけですから。それでその先に悪い斜面が出てきたときには私が得意なら、じゃあそこは俺がやるよって言って、私がリーダー。だから彼らと登ってるときのリーダーっていうのは常に、その局面に合わせて変化をしていくわけなんです。リーダーになりえる状況こそが、そのときそのときのリーダーを生むんだと思うんです。だけど日本の場合は、多くはリーダーというものを役割として決めてしまうんです。

私が文部省の登山研修所の講師をしていたとき、全国の大学の山岳部とかワンゲルの学生を集めて研修をしたのですが、その研修会のタイトルが「リーダー育成」でした。

1週間ほど研修するんですけど、じゃあ、今日はお前がリーダーをやれっていうわけです。明日になると、じゃあ、今日はお前がリーダー。すべての人にリーダーを経験させてやらないといけないんです。でも、それが明らかに不自然なわけですよ。やっぱりリーダーとしての素養がある人とない人がいるわけです。フォロワーとしての素養がある人もいるわけです。それを無理矢理、今日はお前がリーダーの役割だっていってリーダー的なことをしろとか言わなきゃいけないんです。あれがどうにもこうにも嫌で。講師だけのミーティングで、私が「リーダーになる人はほっておいてもリーダーになる。リーダーになろうとしてる奴を今日はお前はフォロワーの役をやれとか、今日はお前がリーダーだとかっていってるのはおかしい」って言ったんです。そうしたら偉い人に「そんなことは百も承知だ。だけど文部省でやる以上は、リーダーというものを養成しなきゃいけないんだ」と言われました。

リーダーって先頭に行く人だけの話であって、それって誰かに決められてやることじゃなくて、その局面その局面で決まっていくだけのことのような気がするのです。得意な人、専門性を持った人が先頭に行けばいいだけの話です。

私の持論ですけど、リーダーになるべくしてなる人は、その環境に適応した人。山なら山に適応した人がなっている。山でないところで、どんなにリーダー的な発言をしていても、実際に山でへばったりしたらリーダーにはなれない。その人にリーダーの特性があるかないかだけじゃなくて、その環境に適応できて初めてリーダーになれる。

やっぱり生き物は環境に適応していくかどうかですから、ある人が山ではリーダーに向いてないからといって、ほかの局面で絶対リーダーにならないわけじゃないと思うんですよ。リーダーになる環境はほかにもあるかもしれない。

リーダーはメンバーから慕われないとリーダーでいられないかと訊かれることがありますが、どうでしょうね。私は、リーディングするという意味では、別に慕われる必要はないとは思います。信頼はもちろん必要です。リーディングできることが信頼だと思うんです。

楽しみながら何かを作り上げていく集団だったら、仲間同士の親しみであったりとか、信頼関係であったりとか、友情であったりとかっていうものがあるからこそできるのかもしれないし。その集団が何のために存在するか、その集団の目的が一体何なのかっていうことで、変わると思います。ただ成果を上げる集団であれば、慕われるなどということは、そもそも必要ないかもしれない。

私は石井スポーツの社員でもありますが、会社のリーダーと山のリーダーは全然違います。会社は商売ですから。全然違う環境ですから。山でリーダーシップをとれる人が会社でリーダーシップをとれるかというと、別のことです。山でもリーダー的な存在で、仕事でもリーダー的な存在の人はもちろんいると思います。やっぱりそういう人っていうのはすごく人を惹きつけるんだと思います。両方できる人が、人間的魅力の高い人だとは思いますが、それは人それぞれだと思いますよ。きっと世の中には、すごいリーダーシップがとれるけど嫌われている人もいれば、リーダー的には全然駄目だけど多くの人に慕われている人もいるだろうし。単純にリーダー論とか、そういうもので決めたり、解析していくようなことでは本来ないと思います。

感情的な人は登山を続けていくことができない。

私は学生の頃、そして社会人になって数年、学生時代の友人たちとよく山に行った。会社の山岳部にも入って、随分歳《とし》の離れたおじさんたちとも登った。行き先は丹沢、奥多摩、八ヶ岳、中央アルプスなどだ。

長くて2泊3日ほどだったが、山では普段街で会うときとは違う印象を彼らに抱くことがあった。それは自分にもいえた。山ではちょっとした極限状態に置かれることがある。そのことと深く関係している気がする。

急な天候の変化や、道迷いなどのトラブル、ときには雨に濡れて重くなったテントを誰が背負うかというこまごまとしたことに、意外な反応が返ってくることがあった。よくも悪くも山では人の本性が出るのだ。誰もが自分を守ること、自分のことで精一杯になるからだろう。普段口にすることのないようなきつい一言を、自分が呟いてしまったことにびっくりした経験もある。だから、竹内が「山でも変わらない」と口にしたことに興味を覚えた。

確かに山では本性が出ます。出てきますよ。これが面白いです。これは、先天的なものと後天的なものが混じり合ってるものだと思いますが、やっぱり先天的なものもいっぱいあると思うんです。

私の周りの人も、山で変わらない人の方が多いです。いや、そういう人しかいないともいえます。それにはたぶん、理由があります。そうでないと、あそこで生き延びられないからだと思います。例えば、感情的な人は山で死んじゃうんじゃなくて、登山を続けていけないと思うんです。

結果、続けてきた周りにいる人たちがそうだということです。残っていって、続けていけるんだと思います。淘汰《とうた》といえるかもしれません。1回2回の登山では、いろんな人が来ますけど、結局そういう人たちがその後続けているわけではないです。

やっぱり職人の世界みたいなもので、職人になるべき人がなっていくと思うんですけどね。適した人が職人さんになっていく。ときには適さない人が興味を持って入ってくるのかもしれないけど、長続きしない。途中でやめていってしまう。

結局その業界でずっと食べている人っていうのは、その環境に適応できた人です。何でも最初の1回2回はあるかもしれない。でもそれを長く続けておられる方っていうのは、その環境に適応して生き延びられた人だけなんです。これは生命の進化として考えればごく当たり前だと思うんですね。生き延びた生物だけが子孫を残していくわけです。

登山に向いているかどうかは、目つきでわかる。

登山の世界と、私が職業としている写真の世界を単純に比べることはできない。無理があるだろう。それでも、どこか共通して感じられる。それは職業に対する適性についてだ。

過去15年ほどのあいだに、私のもとには計7、8人のアシスタントがいた。同時に複数いることはなく常に一人だった。彼らに仕事を手伝ってもらってきた。長くて2年、短いと数ヶ月という幅があったが、あるときから不思議なことに、彼らがこれから先、写真の世界でやっていけるかいけないかが、漠然とだがわかるようになった。

その判断の基準はどこにあるのだろうと考えたとき、写真のうまさとは違うことのような気がする。もちろん極端に下手では苦労すると思うが、技術がもっとも重要なことだとは思わない。一言でいえば、どれほど熱く写真のことを考えているか、ということにつきる。どれほど熱を持って接し続けられるか。結局、そんなことのような気がする。具体的な例をあげれば、現在活躍している写真家の名前をほとんど知らない人が成功することはないと思う。人の何倍も写真のことを考えていれば、自然と耳に入ってくるし、研究もするからだ。そして、熱があればたくさん撮る。だから写真も自然とうまくなっていく。そんな単純なことかもしれない。

適性ということでいうと、自分以外の人を見てわかることはあります。登山家として記録を残すかどうかは知りませんよ。ただ、こいつは登れるな、強そうだなとかいうのはわかります。それは、目つきです。あと身体の均整です。山でザックを背負っている姿ではなく、普段、普通に歩いてる姿でわかります。あと道具をどう使うか。例えば、ロープを渡してそれをどう受け取るかでなんとなく。その振る舞いでわかります。目つきというのは、山の話をしてるときの目つきのことです。例えばお酒を飲みながらとか、講演していても、相手の目つき、視線でわかることがあります。人によって目の形も違うのに、わかるものです。

ただ、向いてる性格となると、わかりません。やっぱり人それぞれだと思います。みんな違う性格の持ち主なんで、それをカテゴライズすることは無意味なことだと思うんですよ。落ち着いた性格とかなんとかってよくいわれますけど、それが本当に性格として向いているのかはわからない。

高所登山においては、低酸素に適応できるかどうかっていうのは、結構生まれ持った特性らしいんです。遺伝子的に低酸素に適応できない人もいるんです。それはどちらかというとお腹《なか》が弱いとかね、それに近いもんだと思うので。アレルギーと似たようなもんですから。それはね、もうどうにもならないと思うんですよ。

適応ということでいうと、8000メートル登山ゆえに、高所への順応っていうものに焦点が当たりますけど、そうではなくて、あの環境に適応するという意味では、カトマンズから適応するという必要性がどうしてもあるわけです。だからそこの水と空気と匂いと人々の生活に適応して、そこで生活をしながら山にアプローチする必要があるわけです。

それはもう絶対必要なんですよね。ただ、あの街の喧噪《けんそう》が苦痛な人もいるでしょうしね、好きな人もいるでしょうし。私は好きです。ただ、これは、私たちは使い分けているんです。例えばダウラギリのときは、できるだけ消耗しないようにってことで、ヘリを使ってアプローチする。これは登山の組み立てとして、ある意味戦略としてそういう手段をとることがあるわけですよ。それとはまた別に、私はカトマンズやチベットでも、これ食べて大丈夫かな、これは勝負かみたいなのもまた面白いと思います。ただ登山前は、そういう勝負はできるだけ控えようと思うわけです。

つまり適応っていうのは、やっぱり適者生存ですから。これは生物として基本だと思うんです。私たち登山家は、身体にないものを作り上げてるわけではない。如何にそれを引き出せるか。潜在能力を引き出せるかっていうことです。それが出るかな、出ないかなというのが面白い。魔法があるわけじゃありません。

社会や学校は8000メートルみたいなもの。適応できなかったら逃げろ、生きるために。

竹内がテレビ番組でいじめについて語る姿を、私は画面を通して観た。どんなことを語るのかが気になった。困難に立ち向かうとか、負けないとか、ひるまないとか、状況を見て冷静な判断を下すとか、どこか積極的な関わりの中で問題を解決するべき、というようなことを語るのではと勝手ながら考えていた。

そんなふうに思ったのは、困難なものに立ち向かうことに喜びを見いだし、チャレンジするプロ登山家・竹内の姿をそのまま投影したからだ。

しかし竹内は真逆なことを言った。

「逃げろ」

その言葉に、肩の力が抜けるような感覚を持った。強靭な男の口から出ただけに、説得力を持って響いた。

「いじめは雪崩と同じだと思う」

と続けた。だから、雪崩がいまにも起きそうだと「感知」した斜面で竹内は即座に立ち去ったのだ。つまり生きるために、逃げたのだ。

いじめには正直いって解決策はないと思っています。3分間、いじめについてメッセージを発するという内容だったのでお引き受けしたんです。そのタイトルが、「いじめ、いま君に伝えたい。」でした。そこでの私のメッセージは「逃げろ」でした。いじめには立ち向かわなくていい、逃げろと言いました。

いじめは雪崩と同じだと考えています。一人で立ち向かっていったって止められもしないし、流れも変えられない。だから、もう逃げろ、逃げてしまえと。私はそれしかないと思います。誰かに助けてもらうとか、誰かが何かしてくれるの待ってたって、解決なんかしないし、そのあいだに飲み込まれちゃったらどうなっちゃうかわからないから、とにかく逃げろ、逃げろ。

世の中、逃げろじゃなくて、逆に頑張れとかいうことが多いかもしれない。でも、逃げてしまえ、どこまでも逃げてしまえ、家からも逃げてしまえ。その行動が必要だと私は言いました。野生動物じゃないですけど、脱兎《だっと》のごとく逃げていくっていうのは、ある意味、正しいと思うんです。

要は、社会とか学校とかって、たとえてみれば８０００メートルみたいなもので、その環境に適応できるものだけがそこで生き延びていくんだと思うんです。ある人には苦でないことが、ある人には恐ろしく順応できないことだったりする。その差は生まれ持ったものだと思いますよ。

私、子供が二人いるんですけど、一人目のときには気がつかなかったんです。二人になって気がついたんです。上の子は1歳前に歩き始めた。10ヶ月ぐらいで歩き始めた。そのときに妻が、やっぱり母親としては手を握って、よちよち歩いてる方向に支えて歩かせようとするわけです。すると、母親の手をぐっと振りちぎって歩いていくわけです。べちっと倒れて妻が、大丈夫？　って言っても、それを振り払って歩いていこうとするわけです。でも、二人目の子は、同じではなかった。

以前読んだ本にこういうことが書いてありました。江戸時代の朱子学に関してです。強力な理論体系ときわめて合理的な朱子学的な発想から、「人間はかくあるべし」とし、やればできるんだ、聖人になれるんだという教育があったそうです。けれど、幕府の正学となった荻生徂徠《おぎゅうそらい》という人がそれを批判するわけです。

朱子学では、とにかくトレーニングをすることで人は優れた人間になれるんだっていうのです。だけど荻生徂徠は人間っていうのは、もともと持って生まれた特性がある。豆は豆だし、米は米だ。豆と米とどっちがいいかではなくて、米は米としての役割があって、豆は豆としての役割があって、それを周りのものが、これは米として成長させよう、これは豆として成長させようとしていくことこそが、やっぱり人間が本当に成長していくことなのだと。全員を米にするとか、全員を豆にするというような朱子学全盛のときに彼が言うわけですよね。私もそうなんじゃないかなと思うんです。

生き延びるのではなく、人は死なないようにできている。

高所登山で死を常に意識してきた。ではその死のもっとも反対側にあるものは何だろうか。生に違いない。つまり多くの者より、より生を身近に感じ続けてきたはずだ。その半生ともいえるだろう。

14座への登頂を達成したことは、一度も死ななかったことを意味する。竹内自身も「死んだら次の山に登れない」と語っている。つまり、山々のあいだを「生き延びてきた」といえるはずだ。そう竹内に伝えると、意外な反応が返ってきた。

例えば車を運転していて、あれ、これいいのかみたいな、この道、合ってるのかなとか。東京だとそういうことないですけど、田舎の方に行って運転してると、どんどんどんどん暗くなってきて、なんか人家がなくなってきたぞ、みたいな道に入り込んでいくことがありますよね。あと吹雪《ふぶき》の中を運転してたり。そうすると、あれ、この道本当に合ってるのかな？　とかっていうのは、やっぱみんな考えるんじゃないですか。命がそこにダイレクトに介在しないからあまり気がついてないだけで、みなさん似たような感覚は、たいてい持ってるはず。例えば職人さんとか料理人とか。もうちょっとか、もうちょっとかと考えながら、どこでやめるんだみたいなことは、職人さんたち、お料理する人たちっていうのは、きっと考えてる。死ぬか死なないかっていうのはさておいても、そこで真剣な度合いっていうのは変わらないと思うんですよ。真剣に考える頭の中での度合いっていうのは。スポーツもみんなそうだと思います。山はどちらかというと、それと命が近いので、より面白い世界なんじゃないですか。

結局、人も動物なんだと思うんです。例えばシマウマやガゼルはライオンやチーターに常に狙われてますよね。狙われたときに、たぶん彼らは、チーターは時速何十何キロで走ってきて、距離が何メートル離れてるから、この距離だったら逃げ切れるとか分析はしてないと思うんです。きっとチーターの匂いがするとかで、わーっと逃げていくと思うんです。そういう感覚は人間も同じで、その環境の中に入ったときに動物としてそういうのを発揮せざるをえなくなる。

野性なのか本能なのかわかりませんけど、人って死なないようにしてるんだと思います、一生懸命。生き延びるっていう言葉がよく使われますけど、そもそも生き延びるんじゃなくて、死なないように、死なないようにしてるんだと思います。

例えば、手を切ったとしても、傷口は塞がろうとするわけですよね。それはたぶん死なないようにしてるんです。生き延びようとじゃなくて、死なないように。だから高いところに立たされたら、ああ、怖いとかって思うのは落ちたら死んじゃうから、死なないようにしてるんだと思うんです。

だからそういう意味では、ああいう厳しい環境にぶち込まれたときは、死なないようにする。もちろん、きっとそこに個体の差ってあると思う。動物にもあると思うんです。強い奴と弱い奴がいて、弱い奴は食われちゃったりする。ぎりぎりのせめぎ合いのときに、そういう能力を持った個体が生き延びるっていうか、死なないっていうことだと思うんですよね。

いま、生きる力だとか、生き延びる力とかっていう言葉が結構よくいわれますけど、それ以前に立ち返って、人間はね、生き物はみんなそうだと思うんですけど、生き延びようとする以前に、一生懸命死なないようにしてるんだと思います。

例えば凍傷になるときも、指先などの末端から切り離していくわけですね、人間っていうのは。身体の中心部、脳と脊髄《せきずい》を守るために末端から切り捨てていくわけです。なんだかけなげだなって思うんですよ、人間の身体って。頭と脊髄を守るために、指が犠牲になってるわけですよ。生き延びようとするよりは、死なないようにしてるような気がしてなりません。

天狗岳5

歩く職人

今夜泊まる黒百合《くろゆり》ヒュッテが近づいてきた。

林の向こうに空が見えた。雲の切れ間から青空が何度か覗《のぞ》き、次第に大きくなっていく。やがて、日も差し込んできた。雨はすっかり上がった。私はカメラをザックから取り出し、前を行く竹内に何度も向けた。でも、やはり遠い。いや、それ以前に後ろ姿ばかり撮っている。どこかで前からの写真も撮らなければ、などと考えながら歩いていると、足元への集中が途切れるのか、足をズコンと滑らせて、転ぶのだった。

それも一度ではなく何度も。岩が雨で濡れていて、とにかく滑りやすい。普段こんな頻度で転んだことなどないというのに、いきなり足を持っていかれる。そのまま横倒しになりそうになる。かろうじて、手が出る。カメラをかばうので、危ない転び方なんだろうけれど、仕方がない。滑らないようにと、岩と岩のあいだに足を意識的に差し込んでいると、登山靴のつま先の側面が泥だらけになった。歩き始めたときの姿はすでにない。でも防水加工されているので、水がしみ込んでくることはない。靴下と靴のあいだから雨や泥が入らないように穿《は》いたスパッツもかなり泥で汚れている。

竹内が大きな石の上に立っているのがわかった。私はそれを目印として歩く。私を待ってくれているのだ。きっとヒマラヤで、こんなことはないのだろう。ちょっと申し訳ない気持ちになる。いや、でもこれはピクニックみたいなものだから、そう深く考える必要もないのだろうと思いつつ、それでも早足で歩を進める。すると、また転んでしまった。

やっと竹内のところまで辿り着いた。

「すみません。お待たせしました」

声を出してから、息が上がっていることに気がつく。

私は竹内の足元に目をやった。そして、あることに気がついた。靴がまったく汚れていないのだ。側面はもちろん、つま先すら汚れていなかった。私は自分の靴に目をやった。表面が泥で覆われているようなものだ。

同じコースを歩いてきたとはとても思えない。一方は泥道を、もう一方は舗装された道を歩いてきたのではと思えるほどの違いがあった。いや、実際に竹内にとって、この山道は、舗装されたアスファルトの上を歩くことと、大して違わないのではないか。もちろん、それが大きく違うことはわかる。でも、それに近い労力で歩くことができるのかもしれない。これを技術といえばそういうことになるのだろう。きっと経験値から来ているはずだ。山道は複雑に岩と岩、樹木の根っこが絡まっている。だから、二つと同じ道はない。つまり予測がつかないはずだ。それは誰にも等しく同じはずだと思っていたが、どうやら違うらしい。果たして、どんな歩き方をすれば、こうも靴が汚れないのだろうか。

とっさに浮かんだ言葉がある。それは「仕事がきれい」という言葉だ。どんな分野でも、一流の人の仕事はきれいだ。例えば料理人。私はカウンターに座って料理人が厨房で働いている姿を見るのが好きだ。無駄のない動きを見られるからだ。ほれぼれする。それを美しいと感じる。

だから、竹内のことを歩く職人だと思った。この表現が的確なのかどうかはわからない。ただ、私には到底真似できないことを、簡単にやってのけている。そのことだけは十分に理解できた。

天狗岳6　山小屋

泊まり客の姿はほとんどなかった。

以前、同じ山小屋に泊まったことがあるのだが、そのときは平日にもかかわらず登山客でほぼ満杯だったので、そんな状況も十分に考えられると思い、事前に個室を予約した。ちなみにそのときは、まだ現在のような登山ブームではなく、山ガールという言葉も彼女らが穿く巻きスカートも存在せず、ほとんどすべてが高齢の登山者だった。その多くは夫婦であった。私は20代の男性アシスタントと一緒だったのだが、彼はともかく私まで「学生ですか？　えらいですね」と言われてしまった。ちょうど40歳のときだったので、ちょっと複雑な気持ちだった。えらいは、偉いのえらいだったのか、それとも「えらい大変」のそれだったのだろうか。長野では大変とかつらいことなどを「えらい」という言い方をするのだけれど……などということがあった。そのことを目の前の竹内に話してみようかと思ったのだが、なんとなく気が引けて、飲み込んでしまった。

山小屋の多くがそうであるように、この山小屋にもたくさんの登山の本が置かれていた。まだ日が暮れるまでに時間はたっぷりある。階段に座った竹内が古い山岳雑誌など

を手にとってめくっている。絵になると思って、気づかれないようにカメラを構える。するど、どこからか登山者が現れて、

「竹内さんですか?」

と声をかける。勇気を振り絞ってという感じではなく、確認するように、こんなところにいるはずがないというような感じで。そして「こんなところで何しているんですか?」といったニュアンスで、言葉をつなぐ。

「取材で……」というようなことを竹内は短く答える。恥ずかしそうに。さらに登山者が差し出した何かの端切《はぎ》れのような紙にサインをしたためる。私はその光景を少し離れたところから、眺める。山ではぐっと知名度が上がる。翌日も、登山中に竹内が何度も、登山者から「竹内さん!」と声をかけられる場面に遭遇した。

個室は6畳ほどの大きさの部屋だった。窓はあるが、すぐそこまで樹林帯の木々が迫っているので、ちょっと穴蔵を連想させた。部屋を出たところがそのまま大広間だ。大広間の方が断然明るいので、わざわざ予約しなくてもよかったかもしれないなどと私は考えていた。予約したのだから、もちろんその部屋に泊まることにした。

「なんか、山小屋って巨大な押し入れみたいだね」

竹内が呟いた。私はちょっと、おかしくて吹き出しそうになった。確かに言いえている。こんなところまで来て、わざわざ押し入れに寝ることもないのにと、本当は竹内は

言いたかったのかもしれない。

大広間の端には布団が積まれていた。それはかなりの量で、どうしてだろうか、積まれたブロック塀を連想させた。

「山小屋に泊まることはありますか?」

私は気になった。

「テントが基本です。日本でもほとんど山小屋って泊まったことがありません。大学の山岳部でもずっとテント泊でした」

それが竹内の答えだった。

ヒマラヤを始めとした8000メートル級の山やそのベースキャンプと比べれば、いまこの場所は随分と日本的な風景に違いない。重くかさばる綿の布団。けっしてベッドではない。それを敷いて登山客は雑魚寝《ざこね》状態で寝る。男も女も一緒だ。そして出発前に布団をたたんで、積み上げる。日本的な風習、文化が色濃くここにある。

そう考えると、最新の素材を使ったテントや寝袋に同じく最新のウエアを着て寝ることが、急にファッショナブルで近未来的なことに思えてきた。これまで山小屋に対して、そんなふうに考えたことはなかった。竹内が目の前にいるから、そんなふうに考える自分がいる。

夕方、日がかなり傾いた頃、女性の登山客が一人、ぽつんと大広間に座っている姿を見つけた。30代前半だろうか。一人で来たらしい。以前だったら、考えられないことだ。

山小屋の消灯は早い。夕飯を食べてしまえばすることはほとんどない。私はビールを飲んだが、竹内は飲まなかった。訊けば、普段からアルコールは飲まないのだという。

押し入れの中のさらに本当に押し入れのような部屋で、消灯の時間まで少し竹内と話した。私のザックは大きいので、階下のザック置き場に置いて、必要なものだけを枕元に持ってきたのだが、竹内の荷物はそもそも少ないので、枕元にそのまま置いてある。

職場である石井スポーツで、かつて登山靴を売っていたときの話を聞いた。私が靴を買うのはかなり難しいと話したからだ。竹内によれば、売る側にとっても登山靴を売ることはとても難しいのだという。お客さんにお店で履いてもらっても、実際のところ山で使ってみなければわからないからだという。そんなことをとりとめもなく聞いていると、階下から「消灯です」という声が聞こえて、突然、真っ暗になった。

布団は湿っていた。でも、ここは山小屋であって、旅館ではない。だから許せるのだ。シーツをかえるとか布団カバーをかえてもらうという発想は山にはないし、それは求めてはいけないことだ。それがすでに身に付いている。でもと私は考えた。竹内はこんな布団ではなく、ふかふかの最新の素材でできている寝袋の中で休みたかったのではないかと。それはきっと快適で暖かいに違いないと、頭がまた勝手に考えだすのだった。

山に限らず、日常生活も判断の連続。

高所登山にとって、もっとも大切なことは何か。それは最初から答えが出ているといってもいい。答えは生きて帰ってくること。「死は避けている」「生きて帰らなければ、次登るチャンスもない」と竹内は言葉にした。そのためには緊迫する状況の中で、決断を次々と下していかなくてはならない。

正しい決断がどれなのかの判断は非常に難しい。例えば、雪崩を察知して下山したチョー・オユーでの判断。竹内は雪崩の危険を感知し、即座に下りることを決断した。それに対し、パートナーの中島ケンロウは「自分だけだったら行っていた」。

二人の判断は大きく違う。もし登山を続行して雪崩が起きたら竹内の判断が正しかったことになる。雪崩が起きなかったら竹内の判断は間違っていたことになる。でも正解は永遠にわからない。そう考えると、これほど複雑な要素が入り組んだスポーツはほかにはないと思えてくる。巨大な自然を相手にしているから、ともいえるだろう。そしてほかのスポーツと大きく違う点は、死を強く意識している一点につきる。その危険にさらされ続けるスポーツはほかには思い浮かばない。

勇気ある撤退。あれは非常に文学的な美しい言葉です。あんなものは実際にはない。登るっていう判断と下るっていう判断は、まったく同じです。どっちがいいとも悪いともいえなくて、その場で必要だからすることであって。登れるという状況の中では登るという判断をして当たり前ですし、下らなければいけないという状況で下るという判断をするのも当たり前です。

途中で下りるとき、確かに心残りがまったくないわけではありません。一番思うのは、また次ここまで来るのか？　という思い。もう次のことを考えているわけです。次もここまで来て、ここから先を考えていかなきゃいけないんだなと思うと、一瞬、気が遠くなります。でも、それはそのときに、ああ、次来るときもここまで来るんだなって思うだけの話で、それで何か判断が変わることはないです。

けっして感情を抑えてるとかっていうわけではないです。ランナーズハイに似たようなクライマーズハイみたいなものがあったならば、危ない状態です。もしそうなったら感情がコントロールできなくなっているということです。

登山家の中にはきっとそういう気持ちが先に立っちゃって、行っちゃう人もいると思います。クライマーズハイなるものを利用して登ってる人もいるかもしれない。その結果登れる人もいるだろうし、事故を起こす人もいるだろう。それはわからないですけど、少なくとも私はない。

でも山に限ったことではなく、日常生活も判断の連続だと思います。誰もがそこまで大仰に考えないだけで、常にやってることだと思うんですよ。日常生活では結果が見えにくいけど、山の場合はそれがすぐ見えるので、その分面白いです。

つまり、日常生活よりも山の方が死が見えやすい。もちろん山で死ぬつもりは全然ないです。死はちゃんと避けてます。その領域に立ち入るってことが面白いんですよね。そこでは死を避けようとするんです。

でも実際には、日常生活の方が死に近い気がします。避けようがない危険性がとてつもなく多いわけです。私たちは歩道を歩いてるとき、もしかしたら車が突っ込んでくるかもしれないとは考えていません。あるいは、当たり前に通勤通学で使っている電車やバスが事故を起こすかもしれないとは、普段、思わないで乗っているわけです。でも、日常生活の中にだって間違いなく死はあるんですよ。

ただ、山の中の方が死が見える。だからそこから離れようとする。だからこそ自分の判断で避けることができる。全部は避けられないかもしれませんが、雪崩が来るかもしれない、ここは落ちるかもしれないとか、石が落っこちてくるかもしれないとかってことをいろいろ考えてる。それはやっぱりその環境にいるからこそ、そういうふうに頭で想像できるんだと思います。山に入ってるときは、心が研ぎ澄まされています。

たとえれば、普段の日常では相まみえる相手の刀が鞘《さや》に収まっている状態でしょうか。それが、山ではその刀が抜き身だと思うんですね。同じ刀だと思いますよ。鞘に収まってるか、収まってないかだけで刀には違いない。だけど鞘から抜かれてると、心構えが変わります。

年齢を重ねて変わってきた登山への思い。

私はメジャーリーグで活躍するイチロー選手が好きなのだが、たまたま彼が出演したテレビ番組を観た。そこでイチロー選手は興味深いことを口にしていた。「野球選手をこれまでたくさん見てきて、人間として成熟したときにはもう現役の選手でなくなってしまうことが多いと感じている。理想は自分が選手であるうちに成熟した人間になりたい」という主旨の発言だった。

何よりイチロー選手が言いたかったのは、選手生命の短さについてだ。若さと言い換えてもいいかもしれない。「選手である肉体の絶頂と精神のそれがシンクロしない」そのことに、イチロー選手自身が実は苛《いら》だっているのではないだろうか。そんな印象を受けた。

それに比べると登山は長く続けられる。竹内は24歳で最初にマカルーに登頂した。そして14座目のダウラギリに登頂を果たしたのは41歳のときだ。17年のあいだに成熟はあったのだろうか。

確かに野球に比べれば登山は選手生命が長いという意味では恵まれていると思います。それゆえに、そのあいだにいろんな人に出会うことができるので、人間的に成熟していく時期と現役選手である時期が重なる可能性は、少なくとも野球よりは高まると思うんですね。

例えば24とか25の頃と40代。体力は別として、精神的なところで登山が変わってきたということはあります。

山で命を燃やし尽くしてもいいと、いまは思っていますが、20代の頃はそうは思ってはいませんでした。20代のときは、必死で登る一方で、登山もたくさんある選択肢の中の一つだと思っていました。その頃も実際は登山しかありませんでしたが、でもほかに何かあるような気がしていました。もしかしたら何か別のもっと興味が持てるものが出てくるんじゃないか、という思いはどこかに常にありました。それが登山一本に変わってきたっていうのは徐々にです。やはり年齢とともにです。

そして2006年、35歳のときにプロ宣言をしました。そして雪崩の事故に遭って、山に対する覚悟っていうのはさらに固まっていきました。

雪崩に遭って、あれは本来助からない状況ですから。それを山で出会った人に助けてもらった。いや、もう助けてもらったというより、新しい命をもらったようなものです。山で出会った人たちから山でもらった命なので、山で使っていいと思ったわけですよ。出会いでいえば山田豊《ゆたか》さんにお会いしてから意識が変わった気がします。この二つのことは私の山、そして14座に対する決意をさらに固めていきました。

山田豊さんというのは、14座を目指しながら志半ばで亡くなった登山家山田昇さんのお兄さんです。私は山田昇さんにお会いしたことはないんです。時代的には少しかぶってはいますけど。気がついたときには亡くなっていました。ただ山田昇さんの存在っていうのは私にとってはすごく大きいものでした。彼がヒマラヤに登り続けてるってことはもちろん知ってたし、憧れでもありました。

その山田昇さんが亡くなったことで、14座がそこで途絶えるということも知っていましたし。そもそも私は彼の存在があったゆえに14座を知ったんです。14座の存在っていうのはメスナーからじゃなくて、山田昇さんから知ったんです。

私が14座を登り切ってみせますと宣言したその背景には、山田昇さんが登り切れなかった14座を私が登り切ってみせます、という思いがありました。

昇さんと豊さんって、確か6人兄弟の一番上と一番下のはずです。兄弟でも十何歳だか歳が離れてる。だから豊さんにとって昇さんは、自分の子供のような存在だった。一番かわいい弟だったのではないでしょうか。もともとは豊さんが山登りをしていて、昇さんを山に連れていったのが初めなわけです。昇さんは山登りがどんどんどんどん上手になっていった。豊さんは家業のリンゴ農家を継がなきゃいけないから、かわりに昇さんの山を一生懸命応援してたわけです。昇さんが14座に登ろうって言ったときにも、応援をし見守っていたんです。

昇さんは39になったばかりで亡くなっています。私が豊さんのところをお訪ねしたときに、同じくらいの歳だったんですよ。それに背恰好も似ていたので、豊さんは私を見て弟が帰ってきたように思ったらしいんですね。涙を流して喜んでくれたんです。

そこで豊さんといろんなお話をしましたけども、是非自分の弟ができなかった14座を登り切ってくださいって言われました。そのとき決意が固まりました。なんか登っていたら14座登れましたとか、いつか登りますとか、そういうものじゃないだろう、これはと思ったのです。そんな軽々しいもんじゃないんだと。

それまで必ず日本人として14座登り切ってみせますとか、山田さん、名塚秀二《なづかひでじ》さんができなかった14座を日本人として登り切ってみせますとは、言ってはいましたし、そういうつもりではいましたけど、私がそれまで口にしていた14座と、豊さんがいう14座っていうのは、全然意味が違うことに気がつきました。その出会いが、絶対登るべきものなんだと気づかせてくれました。

死んでいくことを記録しろ。

山には謎に包まれた死が存在する。だからこそ、死に方をはっきりさせなくてはならないのだと竹内は言う。それは自分のためでなく、残された者たちに迷惑をかけないためだ。

「ヒマラヤで、なんでこんなところで落ちて亡くなってしまったんだろうと、不可解に感じる事故ってあるんですよ。たぶんそれは、こういうことだと思うんです。意識を失って落ちてしまったのではないかと」

竹内は2005年、34歳のときに登ったエベレスト山中で脳血栓により突然、倒れた。そのときのことを、こんなふうに話しだした。

「私はたまたま落ちないところで倒れただけだった。もし、もっと氷の斜面だとか岩の斜面とかで、あのときのようになっていたら、なんでこんなところでということになっていたでしょうね」

あのときはシシャパンマを縦走して、素晴らしくいい登山をしたんですね。そこからエベレストに継続して入りました。ノースコルというちょうど7000メートルのコル（くぼみ）があって本来ここは1泊して上に上がっていけばいいんですけど、天気がずっと悪くて3泊しました。7000メートル台に3泊って普通あまりないことです。そこから次のキャンプに上がっていこうとしました。高度順応はしっかりされている状態でした。3泊はしてましたけど、特に自分の身体に不調は感じず、7500メートルに上がっていくときも、ごく普通でした。

突然、頭の中でノイズが入るみたいにジジジッとなって、シャッターを落としたみたいに意識を失いました。何の前触れもありませんでした。それまで頭が痛かったわけでもないし、気持ち悪かったわけでもないし、本当に突然テレビの電源コードを引っ張ったみたいな。スイッチを切ったのではなくコンセントを引っこ抜いたような感じでした。そこから何の記憶もないわけです。

気がついたときは、かなり遅れていたラルフが私を抱えて何か言っていました。ガリンダもいました。私は岩にもたれかかっていました。ラルフが、私が背負っているバックパックを下ろせと言ったのを憶えています。でも、私はそれを断りました。きっと自分で運べると思っていたのでしょう。でも頭の痛みで、また意識を失いました。

次に意識が戻ってきたとき、私は自分が背負っていたテントの中に運び入れられるところでした。二人のうち、どっちが先に中に入っていたかはわからないですけど、とにかくどっちかが私を持ってテントの中にじりじりじりと引っ張り込もうとしたところで目が覚めました。でもまた頭の痛みで意識を失い、その後、さらに痛みで意識を取り戻すというのを繰り返す状態でした。

私はラルフに「死んでいくことを記録しろ」と告げました。記録しろというのは、迷惑がかかるからです。自分の最期を残しておきたいという気持ちからではありません。家族のためでもない。要するに、死に方をはっきりしておかないと、もしかしたら助けられたのに助けなかったんじゃないか、見殺しにしたんじゃないかと、憶測が生まれるのが嫌だからです。こういうふうに死んだんだっていうことをちゃんと記録に残しておかないと、彼らに迷惑がかかる。だから、とっさです。

死ぬという以前に、自分の足ではもう下りられないと思いましたから、自分で下りられないってことは、死ぬってことですから。いずれ死ぬっていうことですから。

ラルフは実際に写真を撮っていました。もし逆の立場だったとしたら、私は頼まれてなくても撮ります。ちゃんと見届けないといけないですから。なんといっても隔絶されたエリアで行われていることですから。登山の世界っていうのは記録ですから。それは別に私蔵でいいし、本人が求めるか求めないかは別としても、やっぱりそれは記録として、記録手段があるなら撮っておかないと駄目なんです。これは最終的には自分のためです。私が撮ってくれと言った理由も、ラルフとガリンダに迷惑をかけたくないという、自分のためですから。

この状況に腹が立った。
諦めより悔しさが先に立った。

2007年7月、竹内はガッシャブルムⅡで山の一部のかたちが変わってしまうほどの大規模な雪崩に巻き込まれた。C2からC3へ向かっている最中、標高6900メートルでのことだ。

雪崩に遭遇した瞬間、竹内はそれを雪崩だと認識できなかった。雪崩が起きる「想像力が働かなかった」からだ。常々「リアルな想像をするには、経験が必要」だと竹内は考えていたが、そのとき、リアルな想像がおよばなかったことになる。文字通り想像を超えたことが起きた。

立っていた斜面のすぐ下には、自分が乗り越えたばかりの高さ2、3メートルの崖があった。身体が流され始めたとき、そこで止まるはずだと想像した。でも止まることはなかった。身体は落ち続けた。そこで初めて、「ああ、雪崩だ」と気がついた。

雪崩の発生は音もないし、衝撃もありませんでした。山全体がちょっと、グッと沈むような感覚があったんです。足元から。もしかすると巨大な斜面全体が動く前段階として、何かずれたようなことがあったのかもしれない。けれども、斜面や足元がっていうよりは、本当にいまいる自分の空間全部がグッてなったように感じたんです。

思い起こせば過去に日本の山で雪崩に巻き込まれたときも、似た感覚はあったと思うんですね。ただ、そのときの感覚っていうのは、もっと表面的な感じでした。足の裏から伝わってくるような感じなんです。けど、あのときは、もっと空間全部が下に、ほんの何ミリかわからないですけど、動いたような感じなんです。

一瞬、あれ？　って思ったのを憶えているんです。あれ？　って思って上を見上げたんです。その50度の傾斜で上を見上げたら、私から2メートルぐらいのところで、雪が両手のひら分ぐらいシャッと流れたっていうか、ぐずっと動いたんです。雪がスルッと落ちてきて。でも、これは雪山ではよくあることなんですよ。やっぱり雪が積もってますから、その部分だけちょっと、人がいることでぽろっと落ちてくるみたいなのは、そんなに珍しいことじゃないんです。だからそれを見ても、私は見慣れた光景としか思わなかったんです。

でも、その次の瞬間に足元がズルッと崩れた感じがしたんです。足がずれた。だけど、この足元がズルッとずれるのもよくあるんですよ。しかもそこまで登ってくるあいだにそういう感覚がいっぱいあるわけです。雪に足を蹴り込んで必ず止まってることはなくて、蹴り込んでちょっとずれながら登っていくわけですから、それも別に珍しいことじゃない。そこでも大して何とも思わない。

でも、その次の瞬間に、身体がバランスを崩したんですよ。ゴロンっていうふうに。足がズルッとずれて、身体が落ちるというよりはバランスを崩したんですね。たぶんそれは足元が崩れたと思うんですよ。

そして、転がったんです。たぶん斜面に対して。本当にゴロンと転がったような気がするんです。それも実は雪山では意外とよくあるんですよ。自分のいる部分だけがちょっと崩れたということが。

止まったとき、真っ暗でした。そのことはよく憶えてます。音のことは曖昧です。衝撃はいっぱい受けてる、感じるんですけど、痛みは全然感じない。そして落ちている途中、この状況に腹が立ったことは、よく憶えてます。諦めではなく、悔しさが先に立ちました。

私は雪崩をかわせるラインをとっていると思っていた。そこを越えていけると思ってそこに立ち入ってます。だけど自分の想像がおよばなかった。見抜けなかったんです。その見抜けなかったことにすごい腹が立ちました。

絶対生き延びてやる。

雪崩に巻き込まれた竹内の身体は約300メートル落ち続けた。その途中で意識を失った。再び意識を取り戻したとき、目の前は真っ暗だった。最初に思ったことは「生きている」ではなかった。「止まっている」だった。

目の前が暗かった。その状況の多くの場合、雪の深いところに埋まっている可能性が高い。雪中には太陽光が届かないからだ。竹内の頭をよぎったのは知識として知っていた「雪に埋没しても8分から15分ぐらいは人は生きてる可能性がある」というものだった。死ぬまでに15分はいらないと竹内はその状況でとっさに思った。

パニック状態となり、竹内は激しく身体を動かした。すると左手が雪の外に出て、斜面を触った感じがした。そのことにより、自分の身体がどっちを向いているかがわかった。顔が下を向いていることを理解した。

竹内は懸命に雪を掘ろうとした。でもうまくいかない。やがて疲れ切ってしまった。また意識を失いかけた。次に意識を取り戻したのは激痛のためだった。駆けつけたスイス隊の一人が左手を引っ張ったのだ。

それまで痛みなんか感じなかったんですけど、掘り出された途端に、凄まじい痛みで。そのときはわかりませんけど、背骨が折れてるわけですから。体中が痙攣《けいれん》しちゃって、もう歩くどころじゃないです。立ってられない。だけど私は抱えられながら歩かされて、斜面を横切って、今朝登ったルートに戻って寝袋に詰められて、寝袋を橇《そり》代わりにしてガーッと下ろされました。

C2にはドイツ人の医者がいたんです。君はもう駄目かもしれないから家族にメッセージを残した方がいいって言われたけど、そんな英作文してる場合じゃないですし、自分が生きるのか死ぬのかもよくわからない状態で。錯乱状態で、助けなくていいっていう状態でした。もはや大混乱。全然整理されてないんですよ。怪我したのは自分だけだと思ってるし。

ほかのメンバーはどうなってるのかっていうか、どうなってるんだろう？　とも思ってない。

過去の人生でもないです、あんな混乱。橇で下ろすと言われたときに自分で歩いて下りるって言ってましたから。実際は歩くどころじゃない。

C2のテントから運び出されたときに、目の前に寝袋が一つ置いてあったんです。あれを見たときにすべての整合性が頭の中で組み上がっていきました。何が起きたか全部わかったのです。その状態がどういうことなのか私たちにはわかるわけですよ。外で寝てる人がいるわけがないんですから。それを見たときからは私は文句を言わなくなりました。

絶対生き延びてやると強く思いました。

一緒に落ちたうちの誰かが確実に亡くなってるから、その分自分が生きようという心理からではありません。いままで助けなくていいと言っていた自分を自分で否定した。それまでは怪我したのは自分だけだと思っていた。雪崩がそんな巨大だったとは思ってないわけです。自分だけが落ちたと思ってる。それが、誰かが死ぬほどのことが起きている。

大変なことが起きてる。そこで漸《ようや》く気がつきました。本来だったら、自分が死ねばすむことなわけです。自分さえ死んでしまえば、ハッピーエンドじゃないけど、危険なレスキュー（救助活動）をみんなにしてもらう必要はない。それでいいと思ってた。でも、犠牲になった仲間がいて、生き残った自分がいるということを知り、そういう状況ではないことに気がついたのです。

自分の足で下りてこないのは、
死んでいるのと同じ。
だから下りるために、下り直しに行った。

雪崩事故に遭遇してから1年とたたないうちに竹内は再びガッシャブルムⅡに向かう。歩くことはできるようになっていたが、医者からは止められた身だった。目的は二つあった。自分が雪崩に遭遇した6900メートルの地点まで行き、自分の足で下ってくること。もう一つは一緒に雪崩に巻き込まれた3人のうち一人が亡くなり、一人がいまだ行方不明という事実の前で、自分だけが生き残ったのは何故なのか。それを知りたかった。自分のことを「運がよかった」から助かったなどとは思っていなかった。再び、その現場に立てば、答えが見つかるのではないか。そんな思いが強くあった。

11ヶ月後に再び、ガッシャブルムⅡに向かいました。そのときはいろんな思いが渦巻いていました。山登りとは本来、登って下りてくるものです。自分の足で登って自分の足で下りてくる。これが私の登山の絶対的なルールです。例えば頂上に到達しても、下りてこなければ記録としては登頂後死亡として残ります。その人の記録がそこで途絶えるという意味です。だから、私はやはり下りてこないと登山を終えたことにはならないと思ったんです。

そう考えると前年の事故の際に自分では下りてきていないので、私の山のルールに照らせばですね、自分で下りてこないというのは死んでないといけないはずなんです。それが死にもせずに、自分の足で下りてきてもいない。それは、やはり私がやってる登山においては、もう許しえないことなんですね。

非常に勝手な、私の中での決着のつけ方ですけど、もう一度自分で登り直して、自分で下り直してくるということをしたかった。自分で下りてきてない登山というものに、自分なりに決着をつけたいというか。それをしないと納得がいかなかったんです。それゆえに、私はもう一度事故現場まで行かないとならなかったわけです。

事故現場で雪崩に巻き込まれてたたき落とされて、さらに人に背負って下ろしてもらったわけですから、なんとか、這ってでもいいからその事故現場まで行って、下りてこようという思いがありました。ですから登るための登山ではなく、下るための登山でした。まずベースキャンプまで。そしてベースキャンプまで行けたら、なんとかC1まで。C1まで行けたらC2まで。C2まで行けたら事故現場までと。自分の身体がどれほど治ってるかっていうのはまったくわかりませんでしたし、医者もやめなさいと言ってるぐらいですから、医学的にはやめなきゃいけない状態だと思う。それでも行かなければならなかった。

医者には「2、3年治してから」って言われましたけど、私にとっては、それをしないことには、自分が生きていることの説明がつかないんです。さらに、あの事故の様子というのは、ヒマラヤであの状況のことが起きて、私が救助する側だったら、ちょっと助けようがないんですよ。まだ息はしてるけども、息を引き取るまで見守ってやるというぐらいしかできないであろう状況だったんです。これは、ヒマラヤ登山を知らない人であれば、じゃあ、ヘリで行ってピックアップしてくればいいじゃないのかと、日本みたいに、って思うんですけど、ヘリコプターは空気の薄い高所では浮力が得られないので、飛べても着陸できないのです。

そう考えると、あそこで私を助けるというのは本来無理なんです。それがいろんな人の尽力で、本当にいろんなことが上手《うま》く結びついて助けてもらった。本来は死んじゃってるんですよ。そこにいた誰か一人でも欠けたら私は助からなかったように、一人一人から少しずつ命を、新しい命を分けてもらったような感じがするわけです。山登りをしなければ出会わなかった人たちですから、山で知り合った人たちからもらった命ですから、ならば私の命は山で使い切っちゃっていいと思うんです。

だから、やはり死にものぐるいで事故現場まで行って、せめてそこから下りてくるというのは、私にとってはやらなければいけないということではなくて、やるべきことというふうにしか当時は思いませんでした。

そこに立ったからといって、死んだ人は帰ってこない。

雪崩に巻き込まれたうちの一人は亡くなり、一人は行方不明となった。現場に居合わせたドイツ人の医者は「きみはもう助からない。家族にメッセージを残せ」と告げた。その場にいた誰もが同じ思いだった。竹内自身も同じだった。

かすかな意識で、自分が助かるわけがないと感じた。そんな状況の中から、さまざまな人の献身的な救出作業により、竹内は九死に一生を得ることができた。

生還した竹内は「助けてくれた人たちから新たな命を吹き込まれた」のだと考えるようになった。それも、医者に止められても再びガッシャブルムⅡに向かった理由の一つだった。

私は事故現場に立ちたかったのだと思います。行きたかったんですよ。やはりそこに立てば、あのとき自分で見抜けなかった、想像がおよばなかった雪崩の原因とはいわないけど、何かを見つけ出せる気がしました。あのときのことがより鮮明に思い出されて、答えがあるような気がしていたのです。それを探り当てたかったのです。

日本で考え続けていても答えは出ません。でもその場所に立てば、そのときの記憶や情報が、そのときはたまたま目に入っただけでしかない情報が、また組み上げられ、結びついて、ああ、これだったのかとか、ああ、こういうことだったのだ、というものが見つかるかなと期待していました。

さらに、死んだアーネと行方不明のアーンツのことも、そこに立てば、最後に見た彼らの顔っていうのをより鮮明に思い出せるのではないかと。彼らの感情とか、別のものが見えそうな、結びつきそうな、探り当てられそうな、そういう期待があったんです。だから私はその場所に行きさえすればわかるのでは、とすごい期待を持って行こうとしてたんですね。

ところが、実際、行ってみると、それは当たり前といえば当たり前なんですけど、ただの雪の斜面で、何の痕跡もないんですよ。そこに立ちさえすればわかるのでは、という独りよがりなことを考えたんですけど、立ったからといって雪崩が起きた事実はなくならないし、死んだ人が帰ってくるわけでもない。

自分のやったことはあまりにもくだらないことだったんです。なんか腹立たしいものがありました、自分はそんなことをしたかったのか、と。すごくがっかりもしたんです。

そのことは非常によく憶えている。そこにいるのが嫌になりました。もう、いたくないんですよ。それで、私はさっさと上に行ったんだと思います。

登頂するつもりはもちろんあったわけですけど、もしそこで、すごい感情が湧き起こって、事故現場に到達したことが嬉しくて満足したのだったら、帰っちゃってもよかった気がする。そこを最終目的地として。だけど、早くそこから立ち去りたかった。

自分が雪崩に巻き込まれた場所もわかりました。だからといって、別に斜面に跡が残ってるわけでも何でもないです。高さとか、上を見上げたときの角度とか。ああ、ここだなっていうのはわかります。あそこに立ったときに、あのへんの雪が動いたなっていうのはだいたいわかる。だけど、そんなのわかったところで、死んだ人は帰ってこない。非常にバカげてましたね。

そこに立つまでは、再び立つことで、あれかとか、これだったのかっていうような、頭に残ってる情報が整理されるというか、裏返しになった裏に何があったかが見えるような感じがあったんです。

だからといって、けりがついたみたいな感じとは全然違います。自分は何故、こんなことにこだわり、ここまで来たのか。その行動にはっきりいってがっかりしました。

雪崩に遭った地点からさらに登り始めると、明らかに意識は変わりました。越えちゃったら、もうあとは頂上に登るだけみたいな、意外と淡々としていました。でも、登頂したとき、泣いてしまいました。私はいままで登頂しても泣いたことはないし、登頂できなくても泣いたことはなかったのですが。では、何故泣いたんだろうと考えてみても、嬉しかったから泣いたわけでもないだろうし、悲しかったから泣いたわけでもなく、いろんな感情が湧き出て、頭の中が止まったんでしょうね。止まったから、それを代謝するために涙が出て泣くんでしょうね。代謝というか、代償行為として。自分の中にはきっと喜びとか悲しみとかいろんな感情が渦巻いているんでしょうけど、自分ではそれが何なのかよくわからないわけです。頭の中の混乱を整理させるためにきっと人間って泣くんでしょうね。

やっぱりこの1年、わずかなあいだにいろんなことが起きましたから。専門家の人たちがいえば、ああ、これはPTSDですねということなんだと思うんですけど、でも、本人にはどうでもいいことで。正直いって私は表に出さないようにしてきたわけですから、そういうものが頭の中にどんどんどんどん蓄積されて、登頂という一種区切りのときに、一気に吹き出したんだと思うんです。

下るときに、再び雪崩の現場を通りました。でも、もう全然興味なかったです。気持ちは次の山に向かっていました。ブロードピークに継続することになっていたので。隣の隣の山なんですけど。もう次の山登りのために如何にロスしないで下りていけるかを考えていました。振り返りもしなかった。

天狗岳7　ぼんやりと見えている

翌朝、私たちは5時に起きた。朝食が5時半だからだ。窓の向こうはまだぼんやりと暗く、やっと白み始めていた。

部屋を出ると、昨日所在なげにたたずんでいた女性の姿があった。まだ布団の中で寝ている。顔は積まれた布団の陰になって見えない。積まれた布団をまるで衝立《ついた》てのようにして、壁とそのあいだの谷間にすっぽりと入っているからだ。押し入れの中で布団と布団のあいだに挟まっているように見えて、これもまた日本的風景なのだろうと思った。

昨晩、夕飯を食べたのと同じ場所で朝食を食べた。最後に日本茶を数杯飲んで、「じゃあ、そろそろ行きますか」と言葉にして、立ち上がる。私は水筒に新しい水を入れさせてもらう。昨日、茅野駅前で汲んだ水は昨日のうちにすべて飲み干し、さらに小屋に着いて入れさせてもらった水も、かなり飲んだ。ビールを飲むからか、夜中に必ずのどが渇く。

でも竹内は水を汲む素振りを見せない。昨日、同じく駅前で買った2本のペットボトルだけで、今日を乗り切ろうとしているのだろうか。さすがにそれは無理じゃないだろうか。

「水、小屋でもらった方がいいんじゃないですか？　この先は下山するまでまったく水場も小屋もありませんよ」

と言うべきかと思ったが、余計なお世話というか、14座を登った竹内に私などが言うべきことではないような気がして、言葉を飲み込んでしまった。

6時25分に私たちは小屋を発《た》った。

ザックの重さは昨日とほとんど変わらない。非常食と称したおやつの類《たぐい》と酒のつまみとして持ってきたさきイカなどは減ったが、重さにしたら大したことはないだろう。いや、もしかしたら、より重くなっている可能性がある。

部屋を予約する際に2日目の昼食のことを考え、山小屋に弁当を頼んでいたのだった。紙に包まれ、さらにポリ袋に丁寧に入ったそれ。きっと中にはおにぎりが数個入っているのだろう。

それを受け取ったときの竹内はちょっと、困惑した感じだった。え、こんなに重いもの持っていくの、と言っているように少なくとも私には映った。実際にそれは重かった。

「早いところ食べて、軽くする」

実際にそんなことを竹内は言った。

きっと下山するまで、まったく食べなくても平気だろうし、食べたとしても行動食で十分だと考えていたはずだ。食べれば疲れるとも口にしたのだから。

でもというか、そうするしかなかったというのか、竹内はそれをザックの中にしまい込んだ。それは最終的に天狗岳山頂で食べることになる。


私たちは天狗岳山頂を目指した。正確にいえば天狗岳は東天狗岳2640メートルと西天狗岳2646メートルの二つからなる。頂が二つあってわずかに西天狗岳の方が高い。ちなみに印象としては東天狗岳の方が山頂付近は険しい岩場で、西天狗岳の方がゆったりしている。黒百合ヒュッテから山頂に向かった場合、東天狗岳を先に目指すことになる。小屋の眼前に迫った急な岩場を登り切ると、急に視界が開けた。すりばち池と呼ばれる池にはほんの少しだけ水が残っていた。冬は完全に雪で埋まり、やがて雪解けの水がたまり、夏には完全に涸《か》れる池。川の流れ込みはない。同じく、ここから川も流れ出していない。

こぢんまりとした、まとまりのある風景。繊細で、穏やかだと思う。私はそれを美しいと感じる。以前来たのは、秋の終わりだった。だからだろう、池にはほとんど水がなく、涸れていたのだが、いまは違う。水をたたえている。雪解けの水だろう。

何かに似ていることに気がつく。何だろうかと考えながら歩く。息が次第に荒くなる。

しばらくして、箱庭にそっくりだと気がつく。こぢんまりとした中にいろんな要素が詰まっている。日本人はこんな風景が好きなのだ、いやこんな風景がたくさんあるから、日本人は箱庭なんてものを考え出したのかもしれない。そんなことを考えていると、頭がぼーっとしてくる。息が切れている。また汗が吹き出した。

竹内が14座を目指す中で、多く目にした風景とはどんなものだろうか。私は思いを馳せる。この穏やかで優しい日本的な風景とはほど遠いはずだ。私はそれを目にしたことがない。きっとこれから先も目にすることがないだろう。

昨晩、私は山小屋で竹内に訊ねた。日本の山をどう感じますかと。

「日本らしい美しさだと感じます。やはり私が日本人だからそう感じるのでしょう」

「それは風情のようなものでしょうか？」

「趣のようなものです。例えばネパールで日本のような趣を感じることはありません。日本だからそれを感じるんです。そして、日本の山にはやはり愛着を感じます」

しばらくして、私は待っていてくれた竹内を追い越して、先を歩いた。足場は次第に悪くなってきた。大きな石がゴロゴロ、いや石ではなく岩といった方が正しいだろう。中には人間の背丈を超えた乗用車1台分ほどの岩がゴロリと転がっている。そのあいだを、人間がアリのように歩いていくかのようだ。

傾斜も増してきた。天狗岳の山頂がかなり上に見える。

天狗岳は南北に長い八ヶ岳連峰のちょうど中間あたりに位置している。南八ヶ岳は切り立った岩の山肌をしていて、簡単には人を寄せ付けない厳しさがある。主峰の赤岳を中心にアルペン的である。それに対し、北八ヶ岳は緩やかな山肌でどの山も丸みを帯びている。多くは森でその中に大小さまざまな池が点在していて、どこか北欧の森と湖を連想させる。つまり南と北では大きくその表情が違う。これが八ヶ岳の特色といえると思うのだが、その中にあって、天狗岳周辺はその両方の特徴を持っている。

先ほどまで滞在していた小屋付近から、天狗の奥庭あたりまでは北八ヶ岳の印象が強いのだが、山頂へ近づくにつれ、次第に険しさが増す。

その斜面を私は、できるだけ竹内と距離を作りたくて、かなりのペースで登った。

昨日、小屋で聞いたことを思い出しながら、歩を進めた。普段はつけている眼鏡をポケットにしまった。足元がぼんやりとしか見えない。これで写真は撮れるだろうかと心配になったが、今回持ってきたカメラはオートフォーカスのデジタルカメラだ。だからピント合わせは問題ない。

竹内も普段は眼鏡をかけている。裸眼で生活しているわけではない。話を聞くと、私より視力は悪そうだ。なのに、山ではサングラスはかけるが、基本的に眼鏡はかけない。

気温の変化や汗で曇ったり、場合によっては凍ったりして、一言でいえば扱いにくいというのだ。私も眼鏡をかけているので、そのことは実感としてよくわかる。息が切れ、激しく息をしているそれが、そのまま眼鏡にかかり曇る。ふいてもきれいには落ちずに、苛つくことが実に多い。

「だいたい見えていれば、いいですよ」

昨日、竹内はこんなことを言った。そうはいっても、街とは違って、足元は常に不安定で平らなところばかりとは限らない。例えば、昨日も歩いた岩や木の根が複雑に交じる登山道ではやはり足元が見えなければ、危険ではないのか。

そんな疑問をぶつけると、あっさり否定された。

「ぼんやり見えていれば大丈夫」

さらに興味深いことを言った。

「足元ではなく、もう少し先を見ています」

「少し先とはどのくらい先ですか？」

「次の次の足をどこに置こうか考えながら歩いているんです」

何のことを言っているのだろうか。すぐには意味がわからなかったが、少し考えて理解した。直前にどこに足を着地させようと考えるのではなく、その1歩先でもなく、さらにもう1歩先のことを考えている。ふと私は将棋を連想した。棋士が先手先手と考え

ていくようだと。あるいは、サッカー選手がドリブルしながら走っていく姿が目に浮かんだ。

そうか、足元は見ていないのだ。いやまったく見ていないわけではないはずだ。視界に入ってはいるのだろう。でもその1歩を置くときにその1歩のことはすでに考え終わっている。少しずれて考えている。

山小屋に着くまでに何度も転んだことを私は口にした。すると竹内は不思議なことを言った。

「いつも、滑りそうだと思いながら、そっと足を置く。できるだけ平らに、そしてまっすぐに」

まっすぐというのは、進行方向に向かってできるだけつま先を向けるように置くことをさしているようだ。竹内が岩場を歩く姿が、あたかも階段を昇ったり、下ったりしているように見えるのは、そんな理由によるのだろう。身体が前後に揺れず、姿勢が変わらないのだ。

「足を上げる高さもできるだけ減らします」

「何故ですか?」

「できるだけ体力を使わないためです。例えば、マラソン選手で足音の大きな選手は遅いという話を聞いたことがありませんか?」

知らなかった。

「足音が大きいということは、それだけ無駄に体力を消耗してることになります。雪山ではクランポン（アイゼン）で雪の上を歩いた跡を見ると、わかります。足跡がきれいではない人は余計な体力を使っていることになります。雪が無駄に跳ね上がっているかららわかります」

私がもし雪山をクランポンをつけて歩いたら、相当汚いに違いない。

そんなことを考えながら、私は竹内の前を歩いた。竹内の写真を撮るためだ。それも正面から。昨日は後ろ姿ばかりになってしまったからだ。

振り返ると竹内の姿が眼下に小さく見えた。私はカメラのファインダーを覗いた。フレームいっぱいに岩場が広がった。ファインダーを覗いている限りでは、日本的なものは感じさせない。情緒はここには存在しないかのように映る。

ふと、竹内はこれまでどれだけの光景を目にしてきたのだろうか、そんな思いが頭をよぎった。それを私がすべて知ることはもちろんできない。

果たして８０００メートルを超える地は、ここととどんなふうに違い、どれだけ壮絶なのだろうか。私の想像は空回りしながら、膨らんでいった。

山頂まであと30分ほどの距離まで来たところで、休憩をすることにした。

私はふと思いついて、大声で「ヤッホー」と叫んでみた。西天狗の斜面を意識して、そこからこだまが返ってくるのを期待しながら。すると確かに「ヤッホー」と私のこだまが返ってきた。

「うわ」

竹内が驚いたような声をあげた。意外だった。

「こだまって、本当に返ってくるのですね」

「ヒマラヤとかでやらないのですか？」

「やらなかった」

「大学の山岳部でもですか？」

竹内は首をふった。私は山に登ると、できる限り大声で叫ぶことにしている。そしてこだまを楽しむ。「ヤッホー」と叫ぶのは、山登りには必須なことという意識すらある。だというのに竹内はやらないという。山登りに少なからず伴うことのような気が私はしていた。

「ヤッホーのホーをのばすと、こだまで返ってきたヤと、ホーが重なるので、ヤッホと言うと、かぶらなくてきれいです」

などと、どうでもいいことだと思いつつ口にすると、竹内は「そうなんですかあ」と呟いた。山のことで初めて竹内より知っているものがあることに、ちょっとした優越感にひたることができた。

それからほどなくして、東天狗岳の山頂に私たちは立った。山頂といえばやっぱり記念写真だ。竹内と並んだ写真をほかの登山者に撮ってもらう。

竹内にとって山頂で写真を撮る意味について以前、訊いた。そのとき、竹内はこんなことを口にした。

「山の世界っていうのは記録です。ほかのスポーツのようにジャッジする審判がそこにはいませんから。だからこそ常に記録する必要がある」

山頂以外でも竹内は記録する必要に迫られたことがあった。2005年に無酸素でエベレストに挑んだときのことだ。7700メートル付近で何の前触れもなく倒れた。脳血栓を起こしていたのだ。そのとき仲間に、「私はたぶん死ぬから、ちゃんと死んだことを記録に残せ。写真を撮れ、ビデオを回せ」と告げた。死に方をはっきりしておかないと、彼らに迷惑がかかるという思いからだった。

「こういうふうに死んだんだっていうことを、ちゃんと記録に残しておかないといけないと思ったんです。そうしないと、たぶん、彼らに迷惑がかかると思うんですよ。助けられたのを助けなかったんじゃないかと、憶測を生むようなことはしたくなかった。もし逆の立場でも撮りますよ。ちゃんと見届けないといけないから」

眼下がよく見える。天気はまあまあ。梅雨《つゆ》どきにしては上出来だ。風が吹いて気持ちいい。竹内はようやくここでコーラのペットボトルを取り出し、一口飲んだ。昨日、茅野駅の自動販売機で買ったものだ。それがまだ残っていることに驚く。

数時間前までいた山小屋が眼下に小さく見える。普段の生活の中で、自分が歩いた軌跡を肉眼でそのまま見る機会はそう多くはないし、不可能なことの方が圧倒的に多い。それが山では簡単に肉眼で見ることができる。

こんなときにいつも思うのは人間が歩くことに関して。山では当然ながら歩くことしかできない。歩いて登り、歩いて下る。

竹内はガッシャブルムⅡで雪崩に遭い、自分の足で下ってくることができなかった。そして翌年、自分が雪崩に遭った場所まで登り、下った。いってみれば、怪我を押してまで下るために登りに行ったようなものだ。こんなところで、そんなことが頭に浮かんだ。

考え続けることで自分を保つ。

竹内は「少なくとも山をやっている人間が、運という言葉を安易に使ってはいけない」と何度か口にした。そのことを当初少し過剰にさえ感じたのだが、話を聞き、その理由と意味を知った。

ガッシャブルムⅡで大規模な雪崩に遭遇した竹内は背骨を折るほどの重傷を追い、日本に搬送され、緊急手術を受けた。病院に多くの見舞客がやってきた。彼らの多くから「運がよかった」という言葉を竹内は聞いた。次第に耐えられなくなった。「生きているのが苦痛にさえ感じられる」ほどのことだった。

私を含め多くの人は深く考えることなく、あるいはほとんど無意識に近いかたちで「運」という言葉を口にしている。そこに竹内は大きく反応した。もしかしたら、その言葉の扱い方に反応した竹内の感性と、日本人として最初に14座登頂に成功したことは深く関係があるのではないか。そんな気がしてならなかった。

もし、立場があべこべで、私が山をやっている誰かを病院に見舞いに行ったら、私も同じように「運がよかった」と励ましていた気もするのですが、同じく山をやっている人間から「運がよかった」ともう毎日、何度も言われましたから、次第に嫌になってきたんでしょうね。少なくとも、山をやっている人間がその言葉を使うのは無責任だとさえ感じました。

それまでは「運がよかった」と言われることに特別な意識はありませんでした。運について、深く考えたことはなかったのです。思い返してみれば、それ以前も「運がよかった」「悪かった」っていうようなことは言わなかったような気がしますけど、特別に運について考えたことはなかったと思います。

そのとき、私を含め4人で登っていました。そのうち二人が雪崩の一番本流となる真ん中にいたのかもしれない。たまたま、それぞれが違う位置にいたから、状況が変わった。これは結局、運なのか？　運じゃなければ、何なのか？　そう考えると何だったんだろう？　って思うことしかできない。ただ、答えを出すことが私にとっては必要なことではなくて、なんでだったんだろう？　と考え続けるしかない。

あの雪崩のことは割合、頻繁に思い出します。いまは、うなされなくはなりましたけど、そのときの夢を見て目が覚めることはあります。でも、それは恐怖からではありません。夢の中で考えて、ハッと思う。結局、あれは何だったんだろうと考え続けていくことでしか自分を保つことができなくなってるんです。それを運という言葉で片付け自分を保つ人もいれば、忘れることで保つ人もいるかもしれません。ただ、私はそれを考え続けていくことでしか、自分を保つことができない奴だと思っています。

ただ、次第に出来事との適正な距離がわかるようになってきました。以前はそれが近い方がいいのか、遠い方がいいのかわからなかったから、近すぎてうなされたりとか、遠すぎてわからなくなったりとかっていうのが、間合いがとれてきたと思います。

具体的には雪崩が起きる前と雪崩が起きてからを、ずーっと辿っていくことです。意識してやっているわけではなく、ふとしたときに思い出す感じです。

何かものが倒れたりとか、どこかに何かがぶつかったりとか、音とか振動とかで、フッと思い返させられることがあります。山に入って、似たような斜面を見ても思い出すことがあるかもしれないし。私はそこで恐怖は全然感じなくて、たとえれば日常の中から本の栞《しおり》を引き抜くみたいな感じでしょうか。

でも、山をやめようと思ったことは一度もありません。別にやめる理由もなかったような気がしますが、そもそもそんな発想はありませんでした。それは、たぶんいままでずっとやってきたからだと思います。早く治して、頑張るという感じでもないです。もし山を始めてすぐだったら違ったと思いますけど、ずっとやってきたことですから。

想像力と恐怖心を利用して危険を回避していく。

13座目のチョー・オユーには二度目の挑戦で登頂に成功した。どちらも中島がパートナーだった。1年前は山頂までほんの数百メートルという地点まで到達しながら下山した。理由は雪崩の危機がすぐそこに迫っていると、竹内が感じたからだ。

中島は、後にそのときの状況について「僕だけなら行っていた」と語っている。「もし彼だけだったら、間違いなく行っていただろう」と竹内も同感だ。

そのとき、竹内は雪崩が起きる可能性を強く「感知」した。「もう登れない」と判断したのだ。しかし、その判断に「10歩遅れた」と竹内は語る。その遅れを「いままでも非常に悔しい」と感じている。

確かに中島さん一人だったら、間違いなく行っていたでしょう。でもどちらが正しかったのかは、誰にもわかりません。行っても雪崩が起きなかったら、それが正しい判断になるんだと思うんですよね。だからけっして間違いではなくて、中島さんの言うことも正解かもしれないです。もしかしたら、私が引き返してきたことの方が、登る可能性を自分で消したという失敗なのかもしれない。でもそれは誰にもわからない。ただ、それを自分でどう納得するかだけの話です。

私はあのとき、リスクを考えたのではありません。登れるのに登らない判断ではなく、登れないから下るという判断をしたんですね。もしかしたら中島さんはより感情的な判断をしたのかもしれません。私は感情が入り込む余地がない判断をした。正直、下りながら、来年またここまで登ってくるの？　っていう思いはどっかにありました。中島さんにも来年また来たら、なんでこんなところで引き返しちゃったんだろうと思うんだろうねと、冗談を言いながら下りてました。

感情というのは、力にもなると思うんですけど、ときに事実を覆い隠すような気がするんです。感情があまり強くなると、冷静な判断ができないんですよね。やっぱり自分の都合のいいように判断をするというか。

よく映画とかで、気のせいか？　って言ったりするとその後、敵にやられてしまったりしますね。おや？　何だ？　気のせいか？　って。何かおかしい音がしたのに、気のせいだっていうふうに自分に都合のいいように判断をするのは、作り話の中でさえもよく使われるパターンです。気のせいじゃないと思ったならば、敵がいるかもしれない、何かが襲ってきてるかもしれないと思うけど、そういうふうには思いたくないから、その感情によって、気のせいにしてしまう。

それと同じように、雪崩が起きる、起きないの限界点の物理的な力のバランスがこれから崩れようとしている事実に対して、いや、大丈夫だって言うっていうのは、やっぱりそれは、頂上に立ちたいっていう感情が先走ってしまうゆえに、見ないようにするわけですね。感情によって力を高めることもあるかもしれませんけど、感情によって事実を見失うこともいっぱいあると思います。

あのとき、私は想像できました。ここで自分が雪崩に巻き込まれてどうやって死んでいくかっていうことを。想像できれば、やっぱり怖いとか、これは駄目だとかって思うんです。その想像力と、なんかやばいっていう恐怖心というものを利用して、危険性を回避していくしかないと思いますね。

こんなとき経験と動物的な勘のようなもの、どちらかが働くのかと訊かれることがあるのですが、どちらかだけではないと思います。このときも弱層をテストして、角度を測って、雪の湿度は何パーセントだから、雪崩が起きる確率が何パーセントっていう計算をして危険を回避してるんじゃなくて、そこに立ったとき、ハッと気がついたんです。気がついたからこそ、あの氷の塊が落ちてきたら、どんなふうに自分は死んじゃうんだろうと思うから、すごく怖くなってくると思うんですよ。恐怖心が湧くからこそ、そこから逃げようと思うのですね。だから、最初に気がつくっていうのはすごく動物的なもものだと思うんです。

やはり、あの環境にぶち込まれると、人間も本能が呼び起こされる気がするんですね。正直いうと、自分では、あまりそのことはよくわからなかったんです。なんで危ないと思ったのかはわからなかったし、大して深くも考えなかったんですよね。そうしたらあるとき、以前からお会いしたかった登山家の川村晴一さんにお目にかかったんです。川村さんは私の登山を気にしてくれていたようで、私がチョー・オユーから引き返してきたときの話になると「あれ、なんかおかしいって思ったから帰ってきただけなんだろう」と訊かれたんですよ。「はい」と答えると、「ああ、だったらきっとね、きみは14座登れるよ」とおっしゃってくれました。

たぶんそういうことでしかないような気がするんですよ。

でもあのとき、私はハッと気がつくのに10歩遅れたんです。たった10歩と思われるかもしれませんが、山の10歩は平地とは随分違います。あれはいまでも非常に悔しいですね。

私はまず、破断面を見てるんですよ。破断面だって認識してるんです。なのに、私は、アッ、それやばいだろうって思うまでに10歩進んじゃったんです。

よく人間が何か起きてるということに気がついて、ハッと思ったり、何かしらの判断をするのは、一連の動作のように思いますけど、実は別のことなんですよね。結局その破断面が視野に入っていながら、破断面と雪崩を結びつけるまでに10歩タイムラグが出てしまったんですね。これは1歩踏み出す前に気がつかなきゃいけないことだし、せめて1歩2歩で気がつかなきゃいけなかったと思うんです。

どこかで、ここまで来てるから頂上に登りたいという思いで、見て見ぬふりしていた感じがなかったことは否定できません。だから悔しいんです。余分な感情がそこに入り込んでしまったことが、いまでもすごく嫌なんです。

悲観してる時間があったら、1メートルでも下る。

竹内は13座目のチョー・オユーで登頂を達成した後、下山中にルートを見失う。竹内の前をすでにパートナーである中島が歩いていた。しかし、中島が進んだルートを誤りだと感じたのだ。もはや中島に声が届く距離ではなかった。自分が正しいルートをとって中島を誘導しようと考えながら、竹内は下っていった。

しかし、それは明らかに誤ったルートだった。そのことに気がついたのは、かなり下ってからのことだ。標高8000メートルの地点だった。日が暮れようとしていた。

「このまま遭難するとか、死んでしまうとか、そういう恐怖に苛まれはしなかったのでしょうか?」

私は訊ねた。竹内の答えは「いいや、あまりない」という曖昧なものだった。死の恐怖を感じていたことは間違いないだろう。ただ「ここで終わるかも、という思いはまったくなかった」と続けた。

「どうやって乗り越えてやろうかという思いの方が圧倒的に強い。けっしてネガティブな状態じゃないですね。ネガティブなことを考えているんだったら、動いてた方がいい。悲観している時間があったら、下りていかないと、と思っていました」


最初、傾斜がおかしいと思ったんです。登ってきたときの傾斜と角度が違った感じがしたからです。先に下りていった中島さんが間違えていると思いました。だから一旦引き返して、もっと右にトラバースをして、そこから下りていきました。それが正しいルートだろうと。しばらくすると足跡があったんです。朝、自分たちが登ってきた足跡があった。ああ、これだ！　と思って、自信を持ってその足跡を下りていったんです。するとやっぱり自分たちが朝通ってきたC2のキャンプの跡があったんですよ。でも、そこには本来テントがいっぱい立ってるはずなんですけど、テントは全部撤収されてました。跡だけがあって、ゴミとかが落ちてて。テントがないんですよ。

私は中島さんがまだ陽があるからってテントを撤収して、C2からC1に下りちゃったと思ったんです。すごく腹が立ちました。だから衛星電話出して、中島さんに「なんでテント畳んじゃったの？」と言ったら、中島さんは「え？　テントの中にいますよ」って。「え？　だって、いま俺C2にいるけど、テントないよ」って言ったら、中島さんは「僕もC2にいますよ」と答えた。その瞬間、目の前に見えていたテントの跡やゴミが消えたのです。すべて幻覚だった。

やっと間違いに気がつきました。そこから下ってきたルートを登り返しました。どれほど時間がかかったかわからないですけど、もう日は暮れ始めて、また8000ぐらいまで戻りました。だけど正しいルートはやっぱりわからないんですよ。やがて日が暮れました。ここでビバークするとなったら、助からないだろうと思いました。空気が薄いし、気温も低いからです。

だったら1メートルでも標高を下げようと、最初違うと思った急な斜面を無理矢理下りていきました。絶対違うとは思ったけど、標高を下げるためです。ヘッドトーチの明かりだけ。足跡も何もない。どんどんどんどん下りていきました。いよいよその先が真っ暗で、これ以上、下りたらやばいと思って、どのへんの標高にいるかわからないけど、ビバークしようとしてヘッドトーチの明かりを照らしたら、向こう側にセラックってい う氷の段みたいなのが見えたんです。そこまで行ったらクレバスがあるんです。上からもし雪崩が来ても、雪崩は上を飛ぶし、ルーフになってて割れ目があるので、この中に入れば風も来ない。底も塞がっていたので落ちそうにもなく、この中に入って明るくなるまで持ち堪《こた》えようと考えました。

入ろうとして反対側を向いたら、自分のヘッドトーチの明かりが流れて、向こう側に今まで下りてきた雪の尾根、稜線がちょっと見えたんですね。そんなに遠くない。自分が下りてきた斜面の向こう側がどうなってるか、一応見てこようと思いました。そんなに離れていなかったので、行って段の向こう側を見たら足跡がありました。ああ、これだ！　と思いました。

下り始めたらロープが出てきました。そこで私はまた混乱しました。朝登ってきたとき、そのロープはなかったからです。だから、あれ？　また幻覚を見始めちゃったのかなと思いました。でも下りていったんです。いよいよ疲れ果てちゃって、どこだかわからないんですけど、ロープにアンカー（支点）をとって、ちょっと休憩をしようと思ってしゃがみ込んで寝ました。うつらうつら。寒くてハッと目が覚めて、また少し下りていっちゃ疲れて、アンカーとって、座って寝てしまった。

するとなんか目の前を光がちらちらするんですよ。また夢だか幻だか見てるのかなと思って、顔を上げたら人がいました。ベースキャンプで会っていた別のチームのシェルパでした。

あと2時間も頑張ればC2まで下りられるから、とにかく下りろって言われました。でも私はもう完全に疲れ切って、また雪の斜面で寝ちゃったらしいんですよね。

ハッと気がついたら夜が明けていました。下を見たらすぐそこにC2がありました。

天狗岳8

温泉

東天狗岳から西天狗岳の頂上を目指すには一度下って、もう一度登り返すかたちになる。手が届きそうな距離、同じ目の高さに西天狗岳の頂が見える。

西天狗岳山頂までの登りは、東天狗岳のそれとは違って、大きな岩がごつごつしているわけではない。東天狗岳はどこか陰鬱な雰囲気があったが、そんな感じはしない。茶色い土がむき出しで、乾いている。小さな石はゴロゴロと点在しているものの砂まじりの登山道だ。ただ左側が、急な崖になっていて、万が一滑落したら、きっと止まることなく落ち続けるのだろうなと簡単に想像させる。その分、視界が開けていて、八ヶ岳の主峰、赤岳に続く稜線が幾重にも重なったパノラマ的な風景が一望できる。

ほどなくして山頂に着いた。平らの部分が多い、こんもりした山頂だ。だからだろうか、這松《はいまつ》が山頂あたりにも生えている。それもまた東天狗とは対照的だ。

私が遅れて着くと、竹内は風をよけて這松の陰に座って、左手にはめた腕時計をいじっていた。

「何してるんですか？」

訊ねると、標高がはっきりしているところで、誤差を修正しているのだという。標高2646メートルと書かれた標識が近くにあった。腕時計の標高は気圧をもとに算出されるため、どうしても誤差が生じてしまうのだ。その腕時計は竹内が企画段階から深く関わってできたものだ。茅野までの電車の中でそのことを詳しく聞いていた。

登山用に作られた腕時計はもちろん多く存在するが、竹内によればヒマラヤ登山の拠点となることの多いネパールの時刻を簡単に表示できるものが極端に少なかったという。ネパールがほかの国に比べて、かなり特殊な時差で動いているからだ。グリニッジ標準時からほとんどの国が時差を1時間単位、あるいは30分単位の違いで刻んでいるのに対して、ネパールは15分刻みである。つまり日本との時差は3時間15分遅れとなる（噂のレベルだが隣国の大国のインドと差をつけるためという説もある）。そんな中途半端な時差と関係しているのだろうか、これまでの時計はネパールの時刻があらかじめ設定されてはおらず、手動で調整しないとできなかったのだという。竹内から時計メーカーへの要望が通り、ネパール時刻が簡単に表示できるようになった時計だという。

山頂で、山小屋で作っていただいた弁当を食べる。容器全体にご飯がしき詰められた海苔《のり》弁だ。焼魚も入っていて、かなりのボリュウムだ。残すことは、それを背負って下りなくてはならないことを意味する。だから私は黙々と食べた。竹内も黙々と食べている。きっと、それほど食べたいわけではないだろう。荷物をできるだけ減らすためだ。

足元からの続き、幾重にも折り重なった先に八ヶ岳の最高峰、赤岳が見える。山頂部は森林限界で岩ばかりだ。私が中学生のときに学校の集団登山で登った山だ。標高は3000メートルに少し届かない2899メートル。

ガッシャブルムⅡで雪崩に遭遇した後、日本で手術を受け、背骨にチタンのシャフトが入った状態で竹内は赤岳に登っている。2008年の厳冬期のことだ。自分の身体を試し、確認するためだった。違和感はあった。ただ、それ以上に「行ける」という安堵《あんど》感の方が強かったという。その山頂がすぐそこに見える。

そのことを竹内に訊ねてみようかと思ったが、結局、私はしなかった。こんなとき、竹内はこちらが期待する、感慨にふけるようなセンチメンタルなことはけっして口にしないからだ。

ここからは基本的にずっと下りだ。昨日、タクシーを降りた唐沢鉱泉まで、登った分と同じだけ、下ることになる。下りはもちろん登りより楽だけれど、延々と続くとつらくなる。ちょっとは登りたくなるから不思議だ。下りは楽なだけかというと、案外、そうでもない。平坦だったり、単調すぎると人は登りが欲しくなる。

何人かの登山者とぽつぽつとすれ違った。

そのうちの何人かが、

「竹内さん！　こんにちは」

と声をかけた。中には以前からの知り合いのような口ぶりで話しかけてくる方もいた。竹内もまた「こんにちは」と挨拶を返す。山で挨拶をかわすのは当たり前のことなのだが、「いまの方、知り合いですか？」と訊ねてみた。

「いいえ、きっと知らない人だと思う」

竹内は眼鏡をかけていない。だから、そもそも顔がよくわからないのだ。

次第に天気が悪くなってきた。眼下がすべて雲で覆われている。だから下るにつれてそのガスの中に突入するかたちとなった。ガスは霧のような雨に変わった。竹内は私の前を歩いている。でも時々、竹内に追いつくようになった。理由は簡単で、かなり頻繁に写真を撮っているからだ。

撮っているのは足元に咲いている花、そして何より地衣類の写真だった。

昨日も、時々、写真を撮っているので、その姿を遠くから注意深く窺《うかが》っていたのだが、花を撮っているのは、その先に花があるのでわかりやすいのだが、明らかに石や樹木の幹に向けていることが何度かあった。一見、何の特徴もないそれらに何故カメラを向けるのかが、不思議だった。

「何を撮っているのですか？」

「チイルイです」

耳慣れない言葉が返ってきたので驚いた。地衣類のことだった。竹内から地衣類について説明を受けたが、それでも正直あまりピンとこなかった。

「苔の一種ですか?」

違うという。でもどう見ても苔にしか見えない。

「菌類です」

菌類といえば、キノコしか頭に浮かばないのだが。

竹内が「これが地衣類です」と言いながら指差す先にあるものは、どれも見慣れたものだった。石に斑点のように薄くへばりついたもの、同じく樹木に模様のように張り付いたもの。山で目にはしても、それが何であるかなど、私はまったく興味を持っていなかったものたち。それが地衣類だ。そして竹内はその地衣類が気になっているという。だから、できる限りカメラにおさめているのだった。

長い体軀《たいく》を折り曲げるようにして、足元の岩肌の地衣類を撮っている姿を目にすると、これまで何度も感じたことを再び思う。つくづく不思議な人だと。繊細かつ、大胆。そんな言葉が浮かぶ。

世界で高い場所を目指す人間が、足元の見向きもされないような、とても地味なもの、何度も訊き返して、やっとわかる、それ何ですか? という世界に興味を持っている。このアンバランスさを不思議に思うのだ。

でも、こんなアンバランスさを内包しているからこそ、14座の登頂に成功したのではないか。高みを目指すだけの肉体ではなく、地衣類に興味を示すように、見えない部分によって、実は大きく支えられていたのではないか。これは私の勝手な解釈だということは重々わかっている。でもあながち外れていないだろう。

それは肉体と精神をつなぐものとして、深く関わっている気がするのだ。

昼前に唐沢鉱泉に着いた。

下山したとき、必ず最後の1歩がある。それはまた、登り始めに必ず最初の1歩があるのと同じだ。登山靴の紐を結び直し、ザックを背負って踏み出すとき、「さあ行くぞ」と割と気合いが入る。それは意識しなくても明確にあるのだけれど、下山したときの最後の1歩というのは意識しないとなかなか明確にはわからないものだし、憶えていないことが多い。だから、できるだけ意識するようにしている。鉱泉の前には旅館があって、そこでザックを下ろし、建物の玄関の石段を登る手前、それを最後の1歩としてみた。

私は背後を振り返った。これまで登っていた山の姿を。うっそうとした山。頂はここからは見えない。ただの樹林帯だけが壁のようにある。昨日もここに立って同じ風景を見た。でもまるで違って見える。違う場所のように感じられる。天候が違っても、本来そう違って見えるはずがないことは重々わかってはいる。それでもいつも登り始めと下山してきた直後とでは風景が大きく違って映る。このことがいつも不思議だ。間違いなく心理的なことだ。心が違って見せるのだと思う。

果たして竹内はどうだろうか。

頂を極めて再びベースキャンプに戻ってきたとき、足元から続く、空に触れる山は大きく違って見えるのだろうか。きっと、拍子抜けする答えが返ってきそうな気がして、私はその質問をすることはなかった。

その名の通り、ここには温泉がある。タクシーが来る前に温泉に入ることにした。以前も一度入ったことがある。湯船の横に木が生えている趣のある浴室だった。

そこに竹内と一緒に入った。背中の傷のことが頭をよぎった。その手術のあとはどのようなものだろうか。気にならないといえば、嘘になる。見てみたいという思いが静かに湧いたのは確かだった。でも見てはいけないような気がした。湯煙の中に長身があったが、私は目をそらした。

「コーラ、全部飲みましたか?」

湯船に並んでから、私は訊ねた。

「まだ、少し残ってます」

驚いた。

山の頂上は通過点でしかない。

登山はベースキャンプを出発し山頂に立ち、そして再びベースキャンプに戻ってくることで完結する。それをもって初めて登頂に成功したことになる。

もちろん、そのことは理解できるのだが、頂上の地を踏む前と後では、精神状態が何かしら違うのではないだろうか。登るときと下山するときでは心の持ちようが違うのではないか。そうだとしたら、どのように違うのか。例えば登るときは、挑むような攻撃的な気持ちが前面に出て、下るときは達成感を噛み締めながら守りの姿勢で高度を下げていく。そんなことを勝手に想像した。竹内に実際の心の変化について訊ねてみた。

登りと下りとの感情の差っていうのは、ほとんどありません。それが正直なところです。何か感情を一生懸命封じ込めているつもりもありません。

山登りの頂上は別に到達点でもないですし、折り返し地点でもない。ただの通過点でしかない。もし登頂の刹那《せつな》というものがあったとするならば、登頂前の刹那と登頂後の刹那は、私にとっては存在意義があまり変わらないような気がする。

たとえれば、登山って大きな輪だと思います。ベースキャンプに着いたときに初めて輪が閉じるのでしょうね。ですから頂上に到達したその刹那っていうのが、この輪っかのどこにあるかがよくわからない。ただ下りてきたときに輪が閉じるだけでしかない。

水の中、深くに潜って深いところに触れて、水面に再び顔を出すような感覚があります。私はフリーダイビングをしませんが、それに似ていると思います。潜って深いところに触れても浮き上がってくる途中で意識を失ってしまったり、水面に浮かび上がった瞬間に意識を失ってしまうのでは到達したことになりませんから、やっぱり帰ってこないと次の登山に行けません。途中で死んでしまうと記録的には登頂になるかもしれませんけど、登頂後死亡では14座すべてを登り切れませんでしたから。頂上はけっして到達点じゃないし、折り返し地点でもない。

14座目のダウラギリに登頂してビバークしていたときは、もう登ったことなんか全然どうでもよくなっていました。テントは持っていませんでした。寒くて、ジッともしてられないんですよ。座って、時々ちょっと岩陰のよさそうなところを見つけては、しばらくうつらうつらして。山で寝たら死ぬぞなんていうのは嘘です。眠りたくても寒くて目が覚める。うろうろうろうろうろ歩き回っていました。

いっそ下りてしまいたいとも思ったんですよ。でも、もうルートがわからなくなっちゃったし、疲れていた。しかも目もかすんでいました。ですから明るくならなくても、せめて空が白みさえすれば、自分がどこにいるかはわかるはず、正しいルートがわかって下りられるはずだと思ったのです。だから下りていく判断はしませんでした。

バックパックの中に、出発のときに詰めた温かいスポーツドリンクが2口ぐらい残してあることを思い出しました。ビバークは覚悟していたので、残してあったんです。明るいうちに帰れない可能性があるっていうことは、登っている最中にもう十分わかっていましたから。本来の予定では登頂しなきゃいけなかった時間が12時とか1時だったのですが、その時点でまだ7800メートルぐらいでした。だから、その時点で引き返さないと、明るいうちにファイナルキャンプには帰れないわけです。でも私はビバーク覚悟で突っ込みました。その時点で、ビバークになるという可能性は十分承知していましたし、ビバークできる場所を探してありました。

それは習慣です。順調に登って順調に下りてくるとしても、ビバークが可能な場所は常に探しておきます。ルートを登っていくあいだに、ここだったらビバークできるだろうっていう場所を習慣的に探しています。このときも2ヶ所見つけてあったんです。一つ目のビバークポイントのところではすでに真っ暗だったんですけど、まだ十分身体も動いてたし、トレースもはっきりしてたので、そのまま通過をしました。で、二つ目のビバークポイントのところでビバークをすることにしたんですね。

恐怖はありませんでした。朝登ってきたルートのどっかにいることが、わかっていたからです。前年のチョー・オユーのときは危機的でした。あのときは、もう完全に自分がどこにいるかわかりませんでした。

登っているときに下から上を見るのと、下るときに上から下を見るのでは、同じところが違って見えます。だから、登っているとき後ろを振り返って、その光景を頭に焼き付けます。それも習慣的にやっています。意外とそれをやらない人が多いんですよ、疲れちゃって。下ってきたときに見える景色を頭の中に蓄積しておくのです。

美しいルートを登る喜び。

14座を登り終えた竹内は、今後どんな登山をするのか。燃え尽きたということはないのだろうか。引退はしない。だとしたら、これから先、さらに高所へ向かうのか、あるいは別のスタイルの登山を展開するのか。未来について訊ねた。すると竹内は「美しいルート」について語りだした。その言葉を聞いて、やはり不思議な人だと感じた。

山が美しいというのだったらわかる。美しいルートとは何だろうか。

中国とネパールとの国境線というものは、まだ確定していない部分もあるんです。それは日本ではなかなかイメージが湧かないですけど、そういう陸続きの国のあいだに未踏のエリアがある場所っていうのは、その脇がボーダーレスな状態になっていて、国境がはっきりとしてないんです。国境は何年かごとに少しずつ確定していくんです。ネパールと中国のあいだでもそれが何年かごとに行われます。最近それによって国境が正式に確定したエリアがいくつかあるんです。国境が確定すると、その山が中国の山なのかネパールの山なのかがはっきりしてきますので、ネパールの山ってなったときには、ネパール政府の観光省は外貨を獲得するためにその山をオープンしていくわけです。

いま、私はそういう未踏エリアの未踏の山を登るというのが、面白いんじゃないかなと考えています。宇宙にまで人が行って、グーグルアースで地球の裏の裏まで見られる時代にありながら、まだ人が立ち入っていないエリアがあるというのは、とても不思議なことだと思うんです。ヒマラヤって登り尽くされたような気がしなくもないですが、実はまだ人が入ってないところがあります。それは難しくて入れないとか、アプローチが悪いとかっていう理由ももちろんあるんですけど、政治的な理由で入れてないところもいっぱいあるわけです。

現在、登山というのは、ある程度行き着くところまでいってると思います。道具も進化をして、技術も進化をして。いままで登れないといわれてたところが登れるようになって。難しくて登れなかったところをいま、虱潰《しらみつぶ》しに登ってる状態なんですよ。とても難しくて、技術的に困難なので、そこを登るということは素晴らしいことだと思うんです。アスリートが肉体を高めていくのと同じように。ただ、いまいったように、虱潰しの状態なので、そのルートに、ルートとしての合理性はあまり感じなくなってきたわけです。そのルートって難しいけど、美しいのかっていうと、必ずしもそうではない。要するに、合理性があって美しければ、そのルートには、その後、もっと人が行っていいと思うんですよ。初登された後に、二登、三登、四登と、人が訪れるかどうかというと、難しすぎて、その後人が行かないんです。というか、行けないんですよね。そうすると登山がどんどんどんどんどん先細っていって、尖ってはいくんだけど、細っていってしまうような気がするんです。

ルートが美しいっていうのはやっぱり登りたいと思わせる。それは、未踏の壁のど真ん中にラインが引かれればやはり美しいとか、未踏の尾根を登れれば美しいっていう、ちょっと絵画的な美しさっていう意味もあれば、そこに人々が惹きつけられる美しさってあると思うんですね。その人々が惹きつけられる美しさを持ったルートには、その後何人も、何回も人が行くんですよ。それは難しいとか簡単とかいう理由ではなくて、モデレート。つまり、登ることにすごく満足するというか。それをモデレートクライミングっていうんです。誰も登ったことのないルートを登って喜びを感じる場合もあるかもしれませんけども、そうではなくて、美しいルートに登ることに満足、喜びを感じるっていうのがあるんです。それが、いまあまりにもルートが難しくなりすぎちゃって、誰もが登れないんですよ。そうなっちゃうと、登った人はいいですけど、その後そのルートが魅力を増していかないんです。

山は人が作り上げていくもの。

山は人が登るほど魅力を増していくと竹内は語る。地球上に人間がいなければ、山はただの出っ張りだとも言った。初め耳にしたとき正直、ピンとこず、理解できなかった。

話を聞きながら、山もまた物語を求めているのではないだろうかと思うようになった。正確には人が山に物語を投影しているのだと。

物語に関して、一つのことを思い出した。かつて私は新設校の県立高校に通っていた。同じ学区には伝統校もあったが、私は大して気にしなかった。何故なら、実際の高校には伝統を作った代々の先輩方が鎮座しているはずもなく、自分と同じか前後数歳しか違わない若者がいるだけなのだから、高校などただの校舎、建物にすぎないと思っていたからだ。

しかし、実際に新設校に入ると妙な寂寥《せきりよう》感に襲われた。それが何で、どこから来ているのか理解できなかった。幼すぎたのだろう。卒業して随分たってから、それが物語の欠落から来ていることに気がついた。物語は人にとって寄る辺となるものなのだと切実に感じた。

山もまた同じではないだろうか。

山っていうのは、人が登れば登るほど魅力を増していくものだと思うんです。もともとただの地球の出っ張りに、人が登ることで個性を増していく。

例えばわかりやすいのでエベレストで話します。エベレストっていうのは、もともとただの地球の出っ張りだったと思うんです。ところが人がその山を見つけた。そして、大きいとか、高いとか、きれいとかって言い始めるわけです。そして、イギリス人がとりあえずピーク15って名前をつけるわけです、記号として。そして測量してみる。測量してみたら、どうやら地球上で一番高い山だとわかる。もともと地元の人はそれをチョモランマと呼んでいたのですが、イギリス人がインド測量局の局長のエベレストさんの名前をつけてしまった。人の名前なんですよ、エベレストって。その人は、インド測量局の初代局長さんで、大変人望のあった方らしいです。その方が退官されて、その活躍を賞されて、Ｓｉｒの称号を得たんです。その退官された記念に、測量局の後任の方々が彼に敬意を表してエベレストと名付けた。エベレストさんは、断るんです。地球でもっとも高い山に自分の名前をつけるべきじゃないと。地元の名前を尊重しなさいと言うらしいんですけど、エベレストって名前をつけてしまったんです。イギリスっていうのは大英帝国でありましたし、王立地理学会とかもありますから。そして、エベレストっていう名前がそのまま世界に広まっていっちゃうわけですね。

とにかく、その山が世界最高峰とわかったならば、登りたいっていう人が出てくるわけです。そこにはいろんな国の登山隊が暗躍をして、アプローチをしようとするのですが、どうにもアプローチができない。漸くそこに辿り着いたのが、ジョージ・マロリーです。マロリーは、3回そこに登山隊を出して、1924年の三度目に彼は亡くなりました。そのとき彼が着ていたのは、まだハリスツイードのジャケット。そして鉄の酸素ボンベを背負って、彼は8500メートルを越えてるんです。1999年にマロリーの遺体が出てきましたが、ハリスツイードのジャケットを着たままでした。ポケットからは、当時の高度計とか、いろんな道具が出てきて。そしてゴーグルが胸のポケットに入っていたんです。ゴーグルがポケットに入っていたということは、ポケットに入って死んでるっていうことは、夜に落ちたんじゃないかと。日が暮れてから落ちたんではないかと。そうすると、最後に彼がベースキャンプの双眼鏡から目撃された時点では、もうすでに8500メートルを越えていたので、そのまま登り続けて頂上に到達して、下りで暗くなって落ちたんじゃないか。こうやって考えると、もしかするとマロリーが初登頂者かもしれないわけです。彼はコダックのカメラを持ってたんですが、そのカメラがもし発見されれば登頂の写真があるかもしれない。このコダックのカメラには懸賞金がかかってるんですよ。それを捜すためのトレジャーハンターたちがエベレストに入るわけです。これは、漫画や小説や映画の題材になってるので有名な話ですが。

その後、漸くヒラリーさんたちが登るわけですが、いまのこの話はエベレスト登山者の歴史のわずか前半の一部ですけど、聞くだけでもうエベレストってすごく魅力的だと思うわけです。

もしこの世の中に、地球上に人間がいなければ、山はただの地球の出っ張りのまま聳《そび》えてるだけです。でも、人が登山という手段で山に関わることで、その山の魅力って私はどんどんどんどん増していくと思うんですよ。

例えば今回ダウラギリという山を私が登って、14座を完登したわけですけども、おそらく日本でダウラギリなんて山知ってる人いなかったと思うんです。エベレストは知っていても。まあ、K2を知ってる人がいるかいないか程度で、そのほかの8000メートル峰を知ってる人はいなかったと思います。だけど、今回、私が14座目にダウラギリを登ったことで、ああ、8000メートル峰、エベレスト、K2、そしてダウラギリかと思った人もいたと思うんです。そうすると、1960年にスイス・オーストリア隊が登って以来、時間がここまで過ぎてきたわけですけれども、今回私がその14座目としてダウラギリを登ったことで、ダウラギリはまた一つ個性を増したような気がするんです。

そんなふうに山っていうのは、人が登ることで、もしくは、人が崇《あが》めることで、個性と魅力を増していくと思います。そうするといまのような先鋭的な登山で1回だけ登られて、その後その人たちしか登れないまま時間が過ぎてしまっても、あまり山の魅力が増していかないような気がするんです。

どこに登るかではなく、如何に登るか。

14座を登り終えた竹内はどこへ向かうのか。大いに気になるところだ。

14座登頂を達成するまでは常に次にどの山に登るかが明確だったし、目標だった。残念ながら撤退したら翌年また向かう。それでも駄目だったら、さらにまた向かう。そのことから竹内は解放された。

いま竹内はどこに登るかではなく、如何に登るかに大きくシフトしている。

「山は高さではありません」

意外でありながら心地よい響きだった。

登山がある程度いくところまでいってしまっているがゆえに、いまから60～70年前の登山に戻してやればいいような気がするんです。いまから60～70年前の、ヒマラヤが初登頂された頃の登山です。まず登りたい山の許可を、未踏の山の許可をとって。その山の麓まで、どこを行っていいかよくわからない道を探検隊のようにしてアプローチしていって、その山を初めて目にして。そして、一体どこから登ったらいいんだろうか、と。場合によっては、地元の人たちと交渉しなければいけないかもしれないというような、探検的登山に戻してやれば面白いと思います。もちろん、先鋭的な登山はこのまま続いていくでしょう。だけど、それだけではない。もともと行われていたオリジナルの、エリック・シンプトンとかがやっていたパイオニアワークとしての登山っていうのをできる可能性が、もう日本にはないでしょうし、ヨーロッパにもないかもしれませんけど、ヒマラヤにはまだあるような気がするんです。

つまり、未踏のエリアに入るということです。これは、政治的な理由であったり、アプローチの悪さで登れない山なわけですよ。ということは、けっして難しいから登らないわけじゃないです。そうすると、もし私がそこに入っていって、すごく美しい山を見つけたとする。標高はきっと高くないと思うんですよ。6000メートル台、7000メートル台だと思うんですけど。山を見つけて、美しいラインを見いだして登ったならば、その山のそのルートに私が登ったならば、いままで誰も知らなかったような山が世の中に引っ張り出されてくるわけです。その名前を誰かが知るかもしれない。そしたら、ああ、その山はちょっと行ってみたいなと思う人がいるかもしれない。そこがすごく魅力的な山ならば、人が行くことで、その山の魅力がどんどん増していくような気がするんです。

そういう登山をこれからできそうな気がするんですよね。そういう未踏の山って実はネパールだけじゃなくて、パキスタンの方にだっていっぱい残されているし、アフガニスタンにだって残されているし。アフガニスタンとかだったら、もし行ったならば、ゲリラと交渉して登山したりして。考えるだけでわくわくする。

14座登ったことで、有り難いことに、ネパールの人とかとの付き合いも増えたわけですから、つてを辿ったり、交渉をしたりして、自分の登りたい未踏峰の情報を集め、登山の許可をしてもらう。これは昔8000メートル峰を初登していた頃は、各国の登山隊が一生懸命それをやったんですね。場合によっては政治的な交渉もあったはずです。それはさすがにオーバーな話ですけれども、お互いが納得して損をしないならば、そういうことをしても面白いと思いますね。

ただ、未踏峰だから登りたいわけではないんです。登りたい山に登るだけなので。登りたい山が未踏峰であれば、未踏峰に行くだけの話で。もしかしたら、またエベレストに行くかもしれませんし。次にどの山に登るか、そのきっかけはいろいろあります。場合によっては、一緒に登る人が現れたからその山に行くこともあるかもしれません。それはけっして山だけの魅力ではなくて、一緒に登る人の魅力もあるかもしれませんし、そういうタイミングの問題なんです。いまは未踏峰のオープンのタイミングが目の前にあるので、それに興味があるんです。ですから、今後ずっと未踏峰を登り続けるのかって、そういうつもりもあまりないです。未踏峰だからといって私が登りたいかと思うかって、また別の話ですから。やはり山は高さじゃありませんし、未踏峰とか未踏峰じゃないとかでもないですし。同じ山はほかに二つとないですから。山はやっぱり、一つ一つの個性を持ってる。

細部までこだわった美しい山登り。

14座の登頂後、竹内は週刊誌（「AERA」朝日新聞出版）で特集された。その中でサバイバル登山家の服部文祥が書き手に答えるかたちで「K2に一緒に登った連中は、野望の塊だった。何をしたら『すっげー』って言われるかみたいな話ばかりしていた。有名になってアイドルと結婚してやる、とか。でも竹内だけは、そういうこと言わなかった。本当のところ、どうなんだろうね。野望みたいなもの、ないのかな」と発言している。

そもそも野望とは何だろうか。野心と言い換えてもいいのかもしれない。それはけっして嫌悪されるものでも、そうあるべきものでもないはずだ。間違いなく、動機とかモチベーションと関係するからだ。

私にそれはあるだろうか。目をつむり、まず自問してみる。「ある」と即答できる。まだ誰も撮ったことのない、見たことのない写真を撮りたいと思う。考えてみれば、一種の欲望かもしれない。

野望はあると思います。ただ、山を続けていきたいっていう野望です。でも山を手段として何かをしたいという野望はない気がします。山登りで有名になって選挙に立候補するという野望はないというか。

それより常々、美しい山登りということを考えています。具体的にいうと、細部まで如何にこだわれるかということです。それが最大の面白さだと思います。

例えば陶芸家が左右均等の壺を作りたいとか、どこもすべて同じ厚さの皿を作りたいとかっていうのと同じだと思うんですよね。大工さんが平らな机を作ったときに、如何に狂いのないものを作りたいとか、本当に真っ平らだと反って見えちゃうから、角を少し落とすと錯覚で平らに見えるんだとかっていうのは、やっぱりどこまで自分が納得できるかっていうことだと思うんです。数値的には真っ平らな板だけど、人間の目の錯覚で、そういう真っ平らな板は外が反って見える。いまはそれが錯覚だから反って見えるっていうことがわかると思うんですけども、その昔、そんなことがわからないときには、きっとその職人っていうか大工さんの、どんどん突き詰めて真っ平らに削ったけど、どうしてもなんか外が反って見えるから、測るんじゃなくて、自分の目を信じて、平らになるように外を少し落として、ああ、これこそが平らってものだと突き詰めていくような感覚って、人間にはあると思うんです。本来だったら、ただ見た目がよければいいっていうものを、あそこまで突き詰めていく。焼き物も工芸品も、刀も。何だってそうだと思うんですけど。

だからそれと同じように、どこまで自分を突き詰められるだろうかって想像して思い描いていくことが面白いです。別にこれは山登りだけじゃなくて、いまいったように、みんなそうやっていいものを作り上げていこうとしていると思います。その中で私は登山によって、どこまで自分が思う美しいものを自分でうまく作り上げていけるか。それを面白がっているんだと思いますね。

ただ、自分で納得のいく、細部までこだわった美しい登山を続けていきたい。それだけです。

登山はルールのないスポーツ。だからこそ、私たちは自分にフェアでなければならない。

登山家としてプロ宣言をした竹内の口から何度も「登山はスポーツである」という言葉を聞いた。つまり、自分自身をプロのアスリートとして捉え、意識している。ほかのスポーツにあって、登山というスポーツにないもの。それを竹内はいくつか口にした。

「審判がいない」

「ルールブックがない」

「だからルールは自分で決める」

フェアである、という言葉の重みは増す。

登山は審判もルールブックもないスポーツです。そのことがすごく面白いと思っています。それゆえにすごく自由。そして、誰もが楽しめるスポーツだと思うんです。

例えば、それなりの経験を持った人と初めて山に行く人が一緒に登山しても、初めての人にだけ風が優しく吹いてくれたりとかしないわけですよ。距離が長い短いとかね、急だとか緩いとかっていうのはあるかもしれませんけど、そこに同じく人が立ち入ったら、同じように雨が降るし、風は吹くし、同じように厳しいです。だけど、そこでしか見えない景色があるだろうし、美しい自然があるかもしれないし。

山の中に立ち入れば、自ずとフェアな世界なんですよ。だからこそ登山をスポーツとして考えるとき、フェアにやるしかないんです。

ルールがあるから相手や審判にバレないようにしたりすることもあると思います。いってみれば、登山はルールを自己申請制で決めているのです。登る前にこういうスタイルで、こういう方法で、このルートで、こういうふうに登りますっていうことを、人にではなく、自分で宣誓するようなものです。そして、その通りの登山ができるか。さらに、それ以上のものができたらなおいいということだと思うんです。

それに山の頂上に審判が待ち構えていて、登頂を果たしたかジャッジしているわけでもありません。そこには誰もいません。だからこそ自分にフェアでなければ、成立しないのです。

エベレストをたとえに出すと、最近は必要な費用を支払い、酸素とシェルパを使えば、ある程度誰もが登ることができるようになった。そのことについて、あれは登山ではなく、ハイキングだと言ったりする人もいますが、それは昔の登山へのノスタルジーだと思います。チャンスがあるなら一人でも多くの人がエベレストの頂上に立ってあの景色を見た方が私はいいと思います。

それとは別にエベレストのバリエーションルートを無酸素でアルパインスタイルで登ろうっていう人たちがいる。つまりまったく違うルールで登っているのです。それを一緒くたにしてどっちが価値があるか、って言い出すからおかしな話になるのです。

そもそも違う競技なわけです。ほかのスポーツで違う競技を比べたりしないでしょ。それを比べたり、いまと昔を比べたりするから、わけのわからないことになるわけで。そんな比べ方はほかのスポーツでは誰もしてないんだから、山登りでだってやめればいい。

山登りはルールを自分で決めて、そのルールに則《のっと》って、如何にできるかということに自分で取り組んでいくっていうものでいいと思うんです。

例えば、最新の道具を使うことについて、アンフェアだと言う人もいます。つまり、昔の人が使っていなかった最新の道具や通信機器を使用して、昔と同じ山を登ることはフェアなのかという議論をする人もいるのです。

衛星電話を持って、精度の高い気象予報を手に入れて登山をすることはフェアではないと。では、その人は昔はなかったであろう、高性能なヘッドトーチやガスストーブは使わないのだろうかとも思うのです。

いまから、30年、40年前の登山を「再現」するのが目的なら、当時の道具を使って登山をするのもいいかもしれません。しかし、30年前も40年前も、さらにヒマラヤが初登頂されていた時代も、そのときの人々は、当時の最先端の道具を使って登っていたのです。

だからこそ、私は、彼らと同じように、いまの最先端の道具を使って、現代の最先端の登山をしていくのです。

あとがき

日々の生活の中で、耳を傾ける

竹内さんに最初にお会いしたのは、東京・新宿のホテルの一室だった。私はカメラマンとしてその場にいた。竹内さんが月刊誌で取材されることになったからだ。竹内さんをインタビューするのはフリーのライターの方で、私が写真を撮ることになった。ほかには数名の編集者が同席していた。

以前から竹内さんの存在は知っていた。14座を登り終えて数ヶ月ほどたっていた頃で、雑誌や新聞などに頻繁に紹介されていたからだ。私はテーブルの向こう側にいる竹内さんに静かにカメラを向けた。

ときにカメラマンの仕事は黒子に徹することだと思っている。インタビュー中の人物を撮るときはまさにそんな状況だ。だからこのときも、できるだけ目立たないように、音を立てないように、邪魔にならないように、自分に注目が集まらないようにライトを立て、露出を測った。撮影中は被写体の目線とカメラの高さを合わせるため、膝立ちのまま移動することが多い。被写体の方と話すことはほとんどない。このときも同じだった。私は竹内さんと言葉を交わすことはなかった。

それでいて、交わされる会話は注意深く聞いている。表情を撮るのが仕事だからだ。会話の内容と表情は密接に結びついている。話が盛り上がれば当然よい表情が撮れる。冗談が出れば笑顔が撮れる。話が一段落したときが移動のタイミングだ。テーブルの反対側に行くには、目の前を横切らなければならないときがある。そんなときは話の切れ間を狙って移動する。だから必然的に常に耳をすませることになる。

写真を撮りながら、私はいつのまにか竹内さんの話に引き込まれていた。自分が写真を撮っていることを忘れるほどに。言葉が心の深いところを何度も叩いた。自分の経験から生まれた言葉を、こんなに的確に抽出して語れるものだろうか、と驚いた。言葉に迷いがなかった。そこに経験に裏打ちされた強さを感じた。

そのロジカルさは私が勝手に抱いていた登山家のイメージを裏切った。外見も同様だった。おしゃれで長髪。細身。存在がアンバランスだった。それがフォトジェニックでもあったし、魅力的に映った。そして、わけもわからないまま、日本人で初めて14座の登頂に彼だけが成功したのには、確かな理由があるはずだと確信した。

インタビューの時間は1時間ほどだっただろうか。終了の頃にはこんなことを思っていた。

「竹内さんの本を作ってみたい」

自分でも思ってもみないことだった。

一方で自分が何故、そんなふうに反応したのか、その理由はわかってもいた。私はその直前まで、10年ほどある写真家の方を取材させていただいていた。その方は妻を自死という形で亡くした。すぐ隣にある死について考えることが人生と深く関わっていた。そして私もその方を取材させてもらう中で、その死について考えることとなった。

竹内さんは標高8000メートル以上の世界を「死の領域」と口にした。その中に突入していくのだと語った。まぶしいほどの「生」をそこに強く感じた。死を常に身近に感じていることも知った。

ただ、「竹内さんの本を作ってみたい」などと思っても、現実的には相当に難しいだろうことは容易に想像できた。14座登頂を成功させたばかりの彼のもとには出版の計画などが殺到しているだろう。私の出る幕などないはずだと思ったのだ。それが思いがけず、いくつかのタイミングが結びつき急に現実味をおびた。そのことに興奮した。

10時間以上インタビューさせていただいた。天狗岳にも1泊2日で同行させていただいた。山行は本当に貴重で思い出深い体験となった。

インタビューをするとき、私には常に心がけていることがある。それはできるだけ、枝に入っていくということだ。相手が答えた事柄のさらに細部へ、細部へと分け入っていきたいという思いがある。そんな姿勢で臨んだインタビューであったが、竹内さんはいい意味で期待をたくさん裏切ってくれた。ここで、一言欲しい！　という場面であっさりスルーされるのだった。例えば、登頂した瞬間、どんな感情に包まれましたか？と問うと「ただの通過点にすぎません」としか口にしなかった。嘘のないその感じが、途中から、心地よくもなってきた。

そんな中でも印象的な言葉はいくつもある。「山では運は存在しない」「経験は役に立たない」という二つのそれには大いに刺激され、影響を受けた。

「はたして運は存在するのか、しないのか？」

何度も考えた。少なくとも写真を撮る中にそれは存在しないと、いつしか思うようになった。

なんといっても、竹内さんの言葉の魅力は、山を遠く離れてもそのまま当てはまることではないだろうか。だからこそ、普段の生活の中で竹内さんの言葉に耳を傾けていただけたらうれしく思います。

最後になりましたが、貴重な時間を分けていただいた竹内洋岳さん、そして、きっかけを作っていただいた幻冬舎の菊地朱雅子さんにこの場をお借りして、感謝申し上げます。

2014年9月

小林紀晴

ブックデザイン　水戸部 功
写真　小林紀晴

天狗岳登山　2013年6月
インタビュー　2012年〜2013年

［竹内洋岳　業績］

1995年　マカルー（8463m）遠征隊に参加し8000m峰初登頂に成功
1996年　8000m峰の2座目エベレスト（8848m）、3座目K2（8611m）の登頂成功
2001年　国際公募隊に初参加し4座目のナンガパルバット（8126m）登頂成功
2004年　5座目アンナプルナ（8091m）、6座目ガッシャブルムI峰（8080m）登頂成功
2005年　7座目シシャパンマ（8027m）登頂成功
2006年　8座目カンチェンジュンガ（8586m）登頂成功、14座完登を表明しプロ登山家を宣言
2007年　9座目マナスル（8163m）登頂成功
2008年　10座目ガッシャブルムII峰（8034m）、11座目ブロードピーク（8051m）登頂成功
2009年　12座目ローツェ（8516m）登頂成功
2011年　13座目チョー・オユー（8201m）登頂成功
2012年　14座目ダウラギリ（8167m）に登頂し、日本人初、世界で29人目の8000m峰14座完全登頂を果たす
2013年　第17回植村直己冒険賞を受賞、4月より立正大学客員教授に就任
文部科学大臣顕彰、スポーツ功労者顕彰、第15回秩父宮記念山岳賞 受賞

[著者紹介]
小林紀晴(こばやし・きせい)
1968年長野県生まれ。写真家、作家。95年「ASIAN JAPANESE」でデビュー。97年「DAYS ASIA」で日本写真協会新人賞、2013年写真展「遠くから来た舟」で第22回林忠彦賞を受賞。著書に『ASIA ROAD』『写真学生』『メモワール 写真家・古屋誠一との二〇年』など。

だからこそ、自分にフェアでなければならない。
プロ登山家・竹内洋岳のルール

2014年9月10日 第1刷発行

著　者　小林紀晴
発行者　見城 徹
発行所　株式会社 幻冬舎
〒151-0051
東京都渋谷区千駄ヶ谷4-9-7
電話 03(5411)6211(編集)
03(5411)6222(営業)
振替 00120-8-767643
印刷・製本　中央精版印刷株式会社

検印廃止

ISBN978-4-344-02627-8 C0095

幻冬舎ホームページアドレス http://www.gentosha.co.jp/
この本に関するご意見・ご感想をメールでお寄せいただく場合は、
comment@gentosha.co.jpまで。